PETER ZIELEMANN

Der Tatverdächtige als Person der Zeitgeschichte

Schriften zum Strafrecht

Band 42

Der Tatverdächtige
als Person der Zeitgeschichte

Von

Dr. Peter Zielemann

DUNCKER & HUMBLOT / BERLIN

Alle Rechte vorbehalten
© 1982 Duncker & Humblot, Berlin 41
Gedruckt 1982 bei Buchdruckerei A. Sayffaerth - E. L. Krohn, Berlin 61
Printed in Germany
ISBN 3 428 05021 5

Vorwort

Zu danken habe ich Herrn Professor Dr. Jürgen Baumann, Herrn Professor Dr. J. Broermann, der mir den Druck dieser Arbeit ermöglicht hat, und meiner Gattin.

Bei der vorliegenden Arbeit handelt es sich um die Dissertation des Verfassers, mit der er Anfang 1980 an der Universität Tübingen promovierte.

Stuttgart, November 1981

Peter Zielemann

Inhaltsverzeichnis

Einleitung 11

Erstes Kapitel

Das Recht am eigenen Bild

I. Der Rechtsschutz vor dem KUG 1907 13

II. Die Anerkennung durch die Literatur 17

III. Das KUG von 1907 20

IV. Die rechtlich geschützten Interessen 20

Zweites Kapitel

Die Gewährleistung der Pressefreiheit durch das Grundgesetz

I. Die Struktur des heutigen Pressewesens 22

II. Pressefreiheit und „öffentliche Aufgabe" der Presse 23

   1. Die Lehre von der grundrechtsimmanenten Schranke 23

   2. Stellungnahme 24

Drittes Kapitel

Personen der Zeitgeschichte

I. Die bisherigen Lehren 27

   1. Kurzer historischer Abriß 27

   2. Literatur und Rechtsprechung 29

Inhaltsverzeichnis

II. Eigener Lösungsversuch 35

   1. Der Interessenwiderstreit 35

   2. Das Rangverhältnis Pressefreiheit und Persönlichkeitsrecht 35

   3. Das Interesse der Allgemeinheit als Wertmaßstab 37
      a) Öffentlichkeitsinteressen 38
      b) Sphärentheorie und Personen der Zeitgeschichte 39
      c) Die normative Bestimmung der Öffentlichkeitssphäre 43
      d) Motive und öffentliche Interessen 47
          aa) Die Qualität des Interesses der Allgemeinheit 47
          bb) Die Qualität der verfolgten Interessen 48
      e) Die Bedeutung des öffentlichen Interesses 53

   4. Einzelne sachverhalts- und personenbezogene Bewertungskriterien 54
      a) Der Sachzusammenhang 54
      b) Das Kriterium „bereits bekannt" 56
          aa) Als Schranke einer Presseberichterstattung? 56
          bb) Der Diskretionsschutz in Fällen ungenehmigter oder genehmigter Vorveröffentlichung 57
              (a) Schutz gegen wiederholte ungenehmigte Veröffentlichung? 57
              (b) Kein Schutz bei genehmigter Vorveröffentlichung? 59
      c) Quantität und Sachwidrigkeit öffentlicher Interessen 60
      d) Bewertung nach der Qualität und Quantität geschützter Interessen 60

   5. Der Grundsatz der Verhältnismäßigkeit 61
      a) Die Erforderlichkeit des Eingriffs 62
      b) Die Angemessenheit des Eingriffs 65

Viertes Kapitel

Der Tatverdächtige als Person der Zeitgeschichte

I. Straftat und Schutz der Privatsphäre 67

II. Möglichkeiten presserechtlicher Bindungen während eines Ermittlungsverfahrens 69

   1. § 81 b StPO 69

2. Öffentlichkeit und Nichtöffentlichkeit des Verfahrens 70
   a) Die Nichtöffentlichkeit des Ermittlungsverfahrens 70
   b) Die Nichtöffentlichkeit der Hauptverhandlung 73
      aa) Die §§ 171 a, 172 GVG 73
      bb) Die §§ 48, 109 JGG 73
   c) Berufs- und ehrengerichtliche Verfahren 75
   d) Disziplinarverfahren 76

3. Aufgabenvorbehalt des Staates 76

4. Der Grundsatz der Unschuldsvermutung 79
   a) Bindungswirkung für die Presse? 80
   b) Rechtsprechung und Literatur bei Presseveröffentlichungen ... 80
   c) Bedeutung der Unschuldsvermutung 82
      aa) Tatverdacht und Unschuldsvermutung 82
      bb) Gleichbehandlung von Tatverdächtigen 83
      cc) Das Verbot der Schuldantizipation 84
      dd) Unschuldsvermutung und Grundsatz der Verhältnismäßigkeit 86

III. Die Interessen des Tatverdächtigen 88

1. Die unmittelbar eigenen Interessen 88

2. Die Berücksichtigung von Drittinteressen 89

3. Der Persönlichkeitsschutz der gewerblichen Betätigung 90

IV. Die öffentlichen Interessen an Publizität 90

1. Gründe personaler Inanspruchnahme 91

2. Allgemeiner Vorrang des öffentlichen Interesses?, insbes. das Problem der aktuellen Berichterstattung 95

V. Das Prinzip des überwiegenden öffentlichen Interesses bzw. der Angemessenheit des Eingriffs 96

1. Der Tatverdacht 96
   a) Orientierung an der Beschuldigteneigenschaft? 96
   b) Die Stärke des Tatverdachts 99

2. Ungleichbehandlung von Personen 101

3. Die Bestimmung des Öffentlichkeitswertes 102

       a) Literatur und Rechtsprechung 102
       b) Kritik und eigener Lösungsversuch 104

   4. Das „zumutbare Sonderopfer" 111

Zusammenfassung 113

Literaturverzeichnis 115

Einleitung

Die vorliegende Untersuchung behandelt einen Ausschnitt aus der allgemeineren Problematik des Persönlichkeitsschutzes vor Pressepublizität, nämlich die Frage, ob der Presse im Zusammenhang mit einer Kriminalitätsberichterstattung auch das Recht zur Veröffentlichung des Bildes eines Tatverdächtigen während des Ermittlungsverfahrens zusteht. Aus der Sicht des Tatverdächtigen geht es um das Recht, nicht mit einer bestimmten Nachricht, der Tatsache eines gegen ihn bestehenden Tatverdachtes, öffentlich in Verbindung gebracht zu werden. Damit wird ein Problemkreis angesprochen, den man mit der Frage nach einem „Recht auf Anonymität" während eines Strafverfahrens umschreiben kann.

Die Problematik eines Rechts auf Anonymität stellt sich nicht nur bei der Bildpublizität, sondern auch bei der Namenspublizität oder einer sonst identifizierenden Presseberichterstattung. Der Weg, Probleme des Persönlichkeitsschutzes vor öffentlicher Erörterung anhand des Bildnisschutzes aufzuzeigen, wurde einmal deshalb gewählt, da das Recht am eigenen Bild als einziges Persönlichkeitsrecht eine nähere gesetzliche Ausgestaltung in den §§ 22 - 24 KUG gefunden hat. Zum anderen überträgt die ganz überwiegende Literatur und Rechtsprechung die zum Bildnisschutz erarbeiteten Ergebnisse auch auf das allgemeine Persönlichkeitsrecht und das Namensrecht[1]. Das erste Kapitel zeigt die Entwicklung des Persönlichkeitsrechts am eigenen Bild und die von diesem Recht geschützten Interessen auf. Um den verfassungsrechtlichen Schutzbereich der Pressefreiheit geht es im zweiten Kapitel. Im Schrifttum wird seit langem eine Auseinandersetzung darüber geführt, was es bedeutet, wenn der Presse eine „öffentliche Aufgabe" zugeschrieben wird[2]. Auf der verfassungsrechtlichen Ebene wird diese Auseinandersetzung vor allem im Hinblick auf die sog. „Geschäfts"- und „Sensations"presse geführt und die Frage gestellt, ob auch diese unter dem Schutz des Art. 5 GG steht.

---

[1] Vgl. u. a. Neumann-Duesberg, Anm. zu OLG Köln, 22. 5. 1973, Schulze, OLGZ 133, S. 291; Koebel, JZ 1966, S. 389, 390; Lampe, NJW 1973, S. 212; OLG Hamburg, Beschl. v. 5. 2. 1976, AfP 1976, S. 137, 138 („Banklady").

[2] Vgl. aus dem zahlreichen Schrifttum Ingrid Gross, Die Institution Presse. Zugleich ein Beitrag zum Wesen der Einrichtungsgarantie und ihrem Verhältnis zu den Individualgrundrechten, 1971; Stammler, Die Presse als soziale und verfassungsrechtliche Institution, 1971.

Literatur und Rechtsprechung erörtern die Zulässigkeit einer durch Bild identifizierenden Berichterstattung vor allem im Rahmen des § 23 I, Ziff. 1 KUG. Die Auslegung dieser Vorschrift ist bis heute umstritten. Im dritten Kapitel soll daher zunächst nach einem kurzen historischen Rückblick der bisherige Streitstand in Literatur und Rechtsprechung dargestellt werden. Daran anschließend wird der Versuch einer eigenen Lösung unter Darlegung der allgemein für das „Ob" einer identifizierenden Berichterstattung maßgeblichen Kriterien unternommen. Ausgehend von den zuvor gewonnenen Grundsätzen behandelt das vierte Kapitel die eingangs gestellte Frage nach der Zulässigkeit einer Bildpublizität während eines Ermittlungsverfahrens. Hier wird vor allem zu untersuchen sein, ob aus dem Sachbereich der Pressepublizität spezielle presserechtliche Bindungen folgen und welchen Einfluß sie auf das „Ob" einer indentifizierenden Kriminalitätsberichterstattung während eines Ermittlungsverfahrens haben.

Erstes Kapitel

Das Recht am eigenen Bild

I. Der Rechtsschutz vor dem KUG 1907

Eine erste gesetzliche Regelung eines Rechts des Abgebildeten am eigenen Bild enthielt das Bayerische Urheberrechtsgesetz vom 28. 6. 1865 Dieses Gesetz bestimmte in Art. 35 u. a.: „Durch die Erwerbung des Eigenthums an einem Kunstwerk wird das Recht zur Vervielfältigung nicht erlangt; bei Bildnissen (Portraits) geht jedoch dasselbe auf den Besteller über[1]." Dem Besteller stand damit kraft Gesetzes das Urheberrecht an seinem Porträt zu.

Bei den Beratungen des Entwurfs eines Reichsgesetzes über das Urheberrecht an Schriftwerken, Abbildungen, musikalischen Kompositionen, dramatischen Werken und Werken der bildenden Künste von 1870 wurde eine Bestimmung dahingehend vorgeschlagen, daß der Urheber bei Porträts nicht ohne Genehmigung des Bestellers, oder, wenn dieser mit dem Porträtierten nicht identisch ist, nicht ohne dessen Genehmigung von seinem Recht zur Vervielfältigung Gebrauch machen dürfe[2]. Im Gegensatz zu Art. 35 des Bayr. Urheberrechtsgesetzes sollte damit Rechtsschutz nicht mit Hilfe der Konstruktion eines gesetzlichen Überganges des Urheberrechts auf den Besteller, sondern durch ein Genehmigungsrecht des Abgebildeten gewährt werden, andererseits sollte der Rechtsschutz nicht auf den Besteller beschränkt sein. Dieser Vorschlag wurde von der Mehrheit der Reichstagskommission aus Praktikabilitätsgründen abgelehnt, obwohl ein Schutzbedürfnis des Abgebildeten erkannt wurde[3].

Der Entwurf eines Gesetzes über das Urheberrecht an Werken der bildenden Künste von 1875 enthielt eine Bestimmung, nach der bei Bildnissen und Büsten das Nachbildungsrecht auf den Besteller übergehen sollte[4]. Diese Bestimmung wurde dann in § 8 I des Reichsgesetzes

---

[1] Vgl. dazu Mandry, Urheberrecht, S. 260 ff.; ferner Gareis, Gutachten zum 26. DJT 1902, S. 3, 4.

[2] Mitgeteilt bei Wächter, Urheberrecht, S. 76.

[3] Vgl. dazu Wächter, S. 76; ferner 3. Kap. I 1.

[4] Mitgeteilt bei Wächter, S. 76.

über das Urheberrecht an Werken der bildenden Künste vom 9. 1. 1876 aufgenommen. Ebenfalls bestimmte § 7 S. 3 des Reichsgesetzes über den Schutz der Photographien gegen unbefugte Nachbildung vom 10. 1. 1876, daß das Nachbildungsrecht bei photographischen Bildnissen ohne Vertrag von selbst auf den Besteller übergeht. Beide Vorschriften normierten in Anlehnung an Art. 35 Bayr. Urheberrechtsgesetz eine Ausnahme von dem Grundsatz, wonach der Urheber des Kunstwerkes oder der Photographie auch nach Übertragung des Eigentums am Kunstwerk bzw. der Photographie sein Urheberrecht und damit die Möglichkeit der Nachbildung und Verbreitung behielt.

Zur Begründung der Ausnahmevorschrift des § 8 I des Reichsgesetzes vom 9. 1. 1876 wird in den Motiven des Entwurfs ausgeführt, der Besteller habe bei bestellten Porträts ein unzweifelhaftes Recht und ein persönliches Interesse daran, daß sein Bildnis nicht ohne seinen Willen oder sogar gegen denselben in die Öffentlichkeit gelange[5]. Noch eindeutiger lassen die Motive zu § 7 S. 3 des Reichsgesetzes vom 10. 1. 1876 den Zweck der Ausnahmevorschrift erkennen. Diese Vorschrift wurde eingeführt, „um dem vielfach hervorgetretenen Mißbrauch entgegenzutreten, daß photographische Portraits ohne oder gegen den Willen des Bestellers vervielfältigt oder verbreitet werden"[6].

Der gesetzliche Übergang des Urheberrechts auf den Besteller war von einer Übertragung des Eigentums oder des Besitzes am Bilde nicht abhängig[7]. Bereits Mandry vertrat zu § 35 des Bayr. Urheberrechtsgesetzes die Auffassung, dem Erwerb des Urheberrechts durch den Besteller liege die Tatsache der Bestellung zugrunde[8]. In diesem Sinne sprach sich auch Kohler in seiner Lehre vom stellvertretenden Urheberrecht aus[9]. Auf Grund der Bestellung und der der Bestellung entsprechenden Tätigkeit des Künstlers erwachse das Urheberrecht in der Person des Bestellers. Das galt nach Kohler auch im Falle der Bestellung durch einen Minderjährigen oder Geschäftsunfähigen, bei denen ohne Rücksicht auf die Gültigkeit des Vertrages das Urheberrecht in ihrer Person entstand. Die Konstruktion eines gesetzlichen Überganges des Urheberrechts in den § 8 I und § 7 S. 3 der Reichsgesetze vom 9. 1.

---

[5] Mitgeteilt bei Wächter, S. 76.
[6] Mitgeteilt bei Gareis, Gutachten, S. 4.
[7] Vgl. u. a. Kohler, Archiv f. bürgerl. Recht, Bd. X, S. 241, 274, 279; Wächter, S. 113 ff.; Daude, Urheberrecht, S. 188; abweichend Keyßner, Das Recht am eigenen Bild, S. 17 Anm. 31 und S. 18. Um den Portraitierten vor Vervielfältigung zu schützen, nahm er einen Eigentumserwerb des Bestellers mit der Herstellung des Portraits an den Bildnisnegativen und der Bildnisplatte an; dagegen u. a. Cohn, Neue Rechtsgüter, S. 39 Anm. 1; Gareis, Gutachten, S. 12 und von Blume, Das Recht, 1902, S. 113, 114, unter Hinweis auf § 950 BGB.
[8] Mandry, S. 362; ablehnend dazu und zum folgenden Wächter, S. 77.
[9] Kohler, Archiv f. bürgerl. Recht, S. 279.

I. Der Rechtsschutz vor dem KUG 1907

1876 und 10. 1. 1876 gewährte damit dem Besteller bereits mit der Herstellung des Werkes das ausschließliche Recht zur Vervielfältigung und Verbreitung des Porträts oder der Vervielfältigungsstücke. Unter dem Begriff des Verbreitens fiel das öffentliche Anbieten oder in den Verkehr bringen einschließlich der Ausstellung des Porträts[10]. Damit war der Besteller vor Publizität seines Abbildes geschützt. Als Rechtsfolgen einer unbefugten Vervielfältigung oder Verbreitung sahen die Gesetze Anspruch auf Schadensersatz, Verurteilung zu einer Geldstrafe oder einer Geldbuße vor[11].

Die Problematik dieses auf den Besteller beschränkten Publizitätsschutzes zeigte sich bereits in Fällen, in denen zwar im Einverständnis mit dem Abgebildeten die Bildaufnahme erfolgte, jedoch nicht dieser, sondern ein Dritter hierzu den Auftrag erteilte und die Verbreitung oder Veröffentlichung des Bildes ohne oder gegen den Willen des Abgebildeten erfolgte. Denn nach h. M. war Besteller nur diejenige Person, die im eigenen Namen den Auftrag zur Herstellung des Bildes erteilte[12]. Diese Auslegung des Begriffes „Besteller" in den §§ 8 I und 7 S. 3 der Reichsgesetze von 1876 stand in Übereinstimmung mit der Auffassung des Gesetzgebers, wie die Entstehungsgeschichte dieser Vorschriften zeigt. Erweiternd dehnte Keyßner den Begriff „Besteller" auch auf solche Personen aus, die in einem offenkundigen verwandtschaftlichen Verhältnis zum Auftraggeber standen, indem er sie als Mitbesteller ansah[13]. Vor allem aber gewährten diese Vorschriften dann keinen Schutz, wenn ein ohne oder gegen den Willen des Abgebildeten aufgenommenes Bild veröffentlicht wurde oder die Veröffentlichung nicht durch den Bildhersteller selbst, sondern durch einen Dritten erfolgte[14]. In all diesen Fällen war umstritten, ob das geltende Recht nicht ausreichend Schutz bot. Strafrechtlich kamen die §§ 185, 300 StGB, zivilrechtlich nach ganz h. M. die §§ 823 II BGB i. V. m. § 185 StGB, 824 und 826 BGB in Betracht. Abweichend hiervon bejahte Gareis auch die Anwendbarkeit des § 823 I BGB, indem er das bereits damals von ihm anerkannte Persönlichkeitsrecht am eigenen Bild als ein „sonstiges Recht" im Sinne dieser Norm anerkannte[15]. Wie dieser Überblick zeigt,

---

[10] Vgl. dazu eingehend RG, 21. 9. 1880, RGSt 2, S. 247 ff.
[11] Vgl. § 16 des Reichsgesetzes vom 9. 1. 1876 und § 9 des Reichsgesetzes vom 10. 1. 1876, die beide auf §§ 18 ff. des Reichsgesetzes über das Urheberrecht an Schriftwerken, Abbildungen, musikalischen Kompositionen und dramatischen Werken vom 11. 6. 1870 verweisen.
[12] Vgl. u. a. Wächter, S. 77/78; Kohler, Archiv f. bürgerl. Recht, S. 274 f.; RG, 26. 5. 1900, RGST 33, S. 295, 296; ferner Olshausen, Gruchots Beiträge, Bd. 40, S. 492, 495, 504.
[13] Keyßner, „Das Recht" 1901, S. 43.
[14] Vgl. statt aller Olshausen, S. 495.
[15] Gareis Gutachten, S. 11; sehr umstr. war die Anerkennung des Persönlichkeitsrechts als „sonstiges Recht"; vgl. dazu von Liszt, Die Deliktobliga-

war Schwerpunkt des Rechtsschutzes § 185 StGB, wobei die Reichweite dieses Schutzes vor allem von der jeweils eingenommenen Position zu dem bereits damals kontroversen Ehrbegriff abhängig war[16].

Besonders Cohn und von Blume sahen den Rechtsschutz vor Bildaufnahme, den allerdings lediglich von Blume zugestehen wollte, und vor Bildveröffentlichung als durch § 158 StGB ausreichend gewährleistet an[17]. Cohn beschränkte diesen auf die „unleidliche" Publikation, die die Fälle der bewußten Lächerlichmachung, Verhöhnung, Kränkung, Demütigung und Verspottung umfaßte[18]. Wie diese Autoren ging auch Gareis von einem ausreichenden Rechtsschutz durch das geltende Recht aus, räumte jedoch dem Abgebildeten einen umfassenden Rechtsschutz vor jeder Bildaufnahme bzw. deren Veröffentlichung ein. Eine Beleidigung sah er in der Nichtbeachtung des Willens des Abgebildeten und damit in einer Verletzung des von ihm anerkannten Persönlichkeitsrechts am eigenen Bild[19]. Die wohl überwiegende Meinung lehnte diese mit der herrschenden strafrechtlichen Auffassung nicht in Einklang stehende Bestimmung des Begriffs der Beleidigung — die h. M. legte diesen im Sinne einer Antastung des sittlichen Wertes einer Person aus[20] — ab. Nach dieser Auffassung war über das geltende Recht nur ein unzureichender Schutz vor Bildpublizität zu erreichen[21]. Das RG gewährte im Fall der Bildnisaufnahme der Totenmaske Bismarcks Publizitätsschutz in Anwendung einer „condictio ob injustam causam", da die Bildnisaufnahme durch eine strafbare Handlung, nämlich durch Hausfriedensbruch, erlangt worden sei[22]. Diese Entscheidung fand zu Recht allgemeine Ablehnung; insbesondere blieb offen, wie zu entscheiden gewesen wäre, wenn die Aufnahme von jemandem gemacht worden wäre, der freien Zutritt zu den Räumen Bismarcks gehabt hätte[23].

---

tionen, S. 25; Dernburg, Das Bürgerliche Recht des Deutschen Reichs und Preußen, Bd. II, S. 700 und von Blume, S. 117; RG, 29. 5. 1902, RGZ 51, S. 369, 373 f.

[16] Vgl. statt aller Hess, Die Ehre und die Beleidigung des § 185 StGB.

[17] Cohn, S. 49; von Blume, S. 115 und 117.

[18] Cohn, S. 48; dieser Auffassung lag die von Hess vertretene Auslegung des Begriffs der Beleidigung zugrunde, vgl. S. 22 ff.

[19] Gareis, Gutachten, S. 9; vgl. dazu aus der strafrechtl. Lit. von Bar, im Gerichtssaal, Bd. 52, S. 81 ff.: Beleidigung als „positive Nichtachtung" der Persönlichkeit.

[20] Vgl. u. a. Hälscher, System II, S. 244; Schwarze, StGB 5. Aufl. vor § 185 StGB; ähnlich Kohler, GA Bd. 47 S. 29 „Äußerung sittlicher Mißachtung" und S. 32 ff.

[21] So vor allem Rietschel, ACP 94, 145 ff. und Olshausen, S. 505 ff.

[22] RG, 28. 12. 1899, RGZ, 45, S. 120 ff.

[23] So u. a. Gareis, Gutachten, S. 6; Keyßner, Gutachten S. 77.

II. Die Anerkennung durch die Literatur

Erstmals von Keyßner wurde in Deutschland[24] Ende des 19. Jahrhunderts ein umfassendes Recht am eigenen Bild anerkannt[25]. Sowohl die Bildaufnahme als auch deren Verbreitung oder Veröffentlichung sollte einem Genehmigungsvorbehalt des Abgebildeten unterliegen. In Anlehnung an Gierkes Lehre von den Persönlichkeitsrechten[26] ordnete er dieses Recht den anerkannten Persönlichkeitsrechten als neues eigenes Persönlichkeitsrecht zu[27]. Keyßner berief sich zur Begründung vor allem auf das bereits damals anerkannte Recht am eigenen Namen[28], das u. a. den Namensträger in seiner „berechtigten Feinfühligkeit" schützen wolle[29]. Diese werde viel eingreifender durch eine Bildaufnahme oder Bildveröffentlichung verletzt. Um so mehr müsse daher die Person auch in ihrem Recht am eigenen Namen geschützt werden oder „sollte etwa die Person in ihrem Namen empfindlicher oder verletzlicher sein als in ihrem Bilde"[30]! Im Anschluß an Keyßner sprachen sich auch Gareis, Allfeld, Müller-Meiningen, Gierke und Stenglein für ein Persönlichkeitsrecht am eigenen Bild aus[31]. Letzterer begründete seine Ansicht damit, das Äußere einer Person sei ein Teil derselben, und so wenig in anderen Beziehungen die Persönlichkeit eines Menschen gegen dessen Willen den Erwerbszwecken eines anderen dienstbar gemacht werden dürfte, so wenig dürfte es mit der Abbildung geschehen[32].

Weitergehend als die übrigen Befürworter eines Persönlichkeitsrechts am eigenen Bild meinte Gareis, dieses habe sich bereits Ende des 19. Jahrhunderts im Wege des Gewohnheitsrechts in Deutschland herausgebildet[33]. Dieser Auffassung kam gerade im Hinblick auf den hieraus gefolgerten umfassenden straf- und zivilrechtlichen Schutz Bedeutung

---

[24] Zur Rechtslage in Italien u. Frankreich, vgl. Olshausen, S. 492 ff. und Cohn, S. 40. Vor allem die franz. Rspr. hatte sich bereits Mitte des 19. Jahrhunderts zu einem Recht am eigenen Bild bekannt.
[25] Keyßner, Das Recht am eigenen Bild, 1896; Gutachten zum 26. DJT, 1902, S. 72 ff.
[26] Gierke, Deutsches Privatrecht Bd. I, S. 202 ff.
[27] Keyßner, Das Recht am eigenen Bild, S. 26.
[28] Vgl. dazu vor allem Cohn, S. 16 f. und Opet, AcP 87, S. 317 mit weiteren Hinweisen.
[29] Keyßner, Das Recht am eigenen Bild, S. 19 ff.
[30] Keyßner, Das Recht am eigenen Bild, S. 23.
[31] Gareis, Gutachten, S. 3 ff.; Allfeld, Das Recht, 1902, S. 417 ff.; Müller-Meiningen, DJZ 1902, S. 430 ff.; Gierke, in „Grundriß zur Vorlesung über Grundzüge des deutschen Privatrechts", mitgeteilt von Keyßner, Gutachten, S. 74; Stenglein, DJZ 1902, S. 501 ff.
[32] Stenglein, S. 502.
[33] Gareis, Gutachten, S. 9.

zu. Zu Recht wiesen vor allem Olshausen und Rietschel darauf hin, es fehle an der für das Entstehen eines Gewohnheitsrechts erforderlichen Rechtsüberzeugung auf Grund dauernder gleichförmiger Übung[34]. Soweit ersichtlich, wurde nur in einer Entscheidung des Landgerichts Hamburg zur Bildaufnahme des toten Bismarck ein Recht am eigenen Bild anerkannt und in der unberechtigten Bildaufnahme eine Persönlichkeitsrechtsverletzung gesehen[35]. Das RG fand es nicht einmal für notwendig, auf diese Auffassung des Landgerichts einzugehen[36]. Auch weitere Entscheidungen des RG nahmen zur Frage eines Persönlichkeitsrechts am eigenen Bild keine Stellung[37]. In einer Entscheidung des OLG Hamburg vom 20. 11. 1900 wurde ein Persönlichkeitsrecht am eigenen Bild ausdrücklich abgelehnt[38]. In der Literatur wurde erstmals mit Erscheinen der Keyßnerschen Schrift ein umfassendes Persönlichkeitsrecht am eigenen Bild diskutiert. Zwar hatte bereits Gierke zu § 8 I des Reichsgesetzes vom 9. 1. 1876 die Auffassung vertreten, der Grund dieser Ausnahme liege in dem Vorrang, der hier dem Persönlichkeitsrecht vor dem Urheberrecht eingeräumt werde[39]. Ob jedoch der Gesetzgeber selbst, worauf sich Gareis vor allem berief, damit bereits ein Persönlichkeitsrecht am eigenen Bild anerkannte, ist fraglich, denn dann hätte eine umfassende, nicht nur auf den Besteller beschränkte Regelung dieses Rechts nahegelegen[40].

Gegen die Anerkennung eines umfassenden Persönlichkeitsrechts am eigenen Bild traten vor allem Kohler, Cohn und von Blume ein[41].

Kohler vertrat die Auffassung, niemand habe ein ausschließliches Individualrecht auf seine Züge und seinen Habitus und nur dann werde die Veröffentlichung eines Bildes in die Rechtssphäre der Person eingreifen, wenn sie in ungewöhnlicher, den Lebensverhältnissen widersprechender Weise stattfände[42]. In einer späteren Stellungnahme unterstrich Kohler, soweit und sofern eine Person sich der Öffentlichkeit zeige, den „Rubikon der Öffentlichkeit" überschritten habe, sei sie

---

[34] Olshausen, S. 504; Rietschel, S. 152; ablehnend ferner Keyßner, Recht am eigenen Bild, S. 49.
[35] LG Hamburg, 8. 9. 1898, mitgeteilt bei Keyßner, Gutachten, S. 75 f.
[36] RG, 28. 12. 1899, RGZ 45, S. 120 ff.
[37] So u. a. RG, 29. 11. 1898, mitgeteilt bei Gareis, Gutachten, S. 7; RG, 26. 5. 1900, RGST 33, S. 295 ff.
[38] Mitgeteilt bei Keyßner, Gutachten S. 78 f.
[39] Gierke, Deutsches Privatrecht, Bd. I, S. 779: dagegen vor allem Kohler, der den Grund der Ausnahme in der Eigenheit des Bestellungsvertrages sah, Archiv f. bürgerl. Recht, S. 275; ferner Olshausen, S. 502.
[40] Wohl ebenso Ohlshausen, S. 500/501.
[41] Kohler, Archiv f. bürgerl. Recht, S. 274 ff.; Cohn, S. 39 ff.; von Blume, S. 113 ff. mit weiteren Literaturhinweisen S. 114.
[42] Kohler, S. 274.

II. Die Anerkennung durch die Literatur

nicht mehr Herr des Eindrucks, den sie gemacht habe. Ein „right of privacy" bestehe nicht[43]. Dahinter steht bei Kohler die Polarisierung menschlichen Daseins in die Sphären des „Öffentlichen" und des „Privaten", deren Abgrenzung räumlich-gegenständlich vorgenommen wird: Der Öffentlichkeitssphäre wird all das zugerechnet, was allgemein zugänglich und damit für die Öffentlichkeit ohne weiteres wahrnehmbar ist, die Privatsphäre wird auf den Bereich des räumlich Abgeschlossenen beschränkt[44]. Diese Bestimmung der Privatsphäre spielt auch noch heute vor allem bei dem Bemühen um einen strafrechtlichen Diskretionsschutz vor Publizität eine Rolle[45]. Cohn und von Blume begründeten ihre Ablehnung vor allem unter Hinweis auf den ihrer Ansicht nach ausreichend gewährleisteten Rechtsschutz über § 185 StGB. Darüber hinaus bestünde kein Schutzbedürfnis, da das Gesetz „eben nicht für zimperliche und verbildete, sondern für freie, d. h. im guten Sinne frei empfindende Menschen zugeschnitten" sei[46].

Eine Mittelstellung zwischen diesen beiden Auffassungen nahmen Olshausen und Rietschel ein. Ein Recht am eigenen Bild könne nur insoweit anerkannt werden, als es sich um die Verletzung sittlich berechtigter und daher vom Recht zu schützender Interessen handele[47]. Rietschel sah eine Interessenverletzung in zweifacher Hinsicht als möglich an. Das eigene Bild sei einmal Identitätsmerkmal, insoweit müsse Rechtsschutz gegen einen fälschlichen oder wenigstens unrichtig verallgemeinernden Mißbrauch des Identitätsmerkmals in Analogie zu § 12 BGB gewährt werden[48]. Davon zu unterscheiden sei die Fallgruppe der öffentlichen Darstellung des Abbildes einer Person. Hier läge regelmäßig allein eine taktlose Indiskretion, eine „Profanation" vor, die keine Analogie zum Schutze des eigenen Namens finde[49]. Unter der Voraussetzung der Verletzung eines Interesses des Abgebildeten bestünde auch gegen die bloße indiskrete Veröffentlichung der fotografischen Aufnahme ein Schutzbedürfnis[50].

---

[43] Kohler, Kunstwerkrecht, S. 159.
[44] Allgemein zum Schutz der Privatsphäre bei Kohler, Autorrecht, Jherings Jahrbücher XVIII, 1880, S. 272 ff.
[45] Vgl. dazu Henkel, Gutachten zum 42. DJT 1957, Bd. II D 64, 82; Gerhard Schmidt, ZSTW 79, S. 741, 771 f.; unten 4. Kap. I.
[46] von Blume, S. 117.
[47] Olshausen, S. 506, Rietschel, S. 165 ff.
[48] Rietschel, S. 167/168 mit Beispielen.
[49] Rietschel, S. 168 und S. 172.
[50] Rietschel, S. 173 ff.; ablehnend aber für die Bildanfertigung ohne Veröffentlichungsabsicht, S. 180.

III. Das KUG von 1907

Der Gesetzgeber hat sich dann im KUG vom 1.9.1907 entgegen den weitergehenden Forderungen von Keyßner und Gareis für eine Teilregelung eines Rechts am eigenen Bild entschieden, indem er den sachlichen Schutzbereich dieses Rechts auf das Verbreiten oder die öffentliche Zur-Schaustellung des Bildnisses einer Person beschränkte[51]. Unter Verbreiten ist in Anwendung der Legaldefinition des § 17 I UrhG das Anbieten oder In-den-Verkehr-bringen einer Verkörperung des Bildnisses gemeint, während das Zur-Schaustellen jegliches Zugänglichmachen des äußeren Erscheinungsbildes einer Person ohne Rücksicht auf eine bleibende Verkörperung erfaßt[52].

Das Recht am eigenen Bild ist seiner Rechtsnatur nach eine besondere Ausprägung des allgemeinen Persönlichkeitsrechts und vom Urheberrecht am Bild zu unterscheiden[53]. Die systematisch verfehlte Regelung im KUG erklärt sich aus dem Bemühen, Rechtsschutz mit Hilfe einer Einschränkung des Urheberrechts zu gewähren. Nach einhelliger Meinung wird das Persönlichkeitsrecht verfassungsrechtlich nach Art. 2 I i. V. m. Art. 1 I geschützt[54].

IV. Die rechtlich geschützten Interessen

Das Recht am eigenen Bild gewährt einen umfassenden Schutz vor allem ideeller und vermögensrechtlicher, aber auch sonstiger Interessen des Abgebildeten[55]. Dagegen verneint Neumann-Duesberg neuerdings einen Schutz vermögensrechtlicher Interessen[56]. Er meint, die Preisgabe der Anonymität, die durch § 22 KUG verhindert werden soll, und von der allein § 23 KUG eine Ausnahme mache, lasse keinen Zusam-

---

[51] Vgl. Zum Schutz vor Bildaufnahme über das allgemeine Persönlichkeitsrecht, von Gamm, UrhG Einf. Rdn. 105; BGH, JZ 1957, S. 751 ff. („Spätheimkehrer"); BGH, NJW 1966, S. 2253 ff. („Wie uns die anderen sehen").

[52] Vgl. von Gamm, UrhG Rdn. 105.

[53] Einh. Meinung, vgl. von Gamm, UrhG Rdn. 102; RVerfGE 35, S. 202, 224 („Lebach"); anders Lobe, Die Bekämpfung des unlauteren Wettbewerbs, 1907, S. 164, nach dem dieses Recht Immaterialgüterrecht war.

[54] Vgl. statt aller von Gamm, UrhG Rdn. 102.

[55] Ebenso die h. M., vgl. u. a. BGH, 8.5.1956; BGHZ 20, S. 345 ff. („Paul-Dahlke"); BGH, 20.2.1968, BGHZ Schulze 150 („Bundesligafußballspieler"); Osterrieth-Marwitz, KUG, S. 178; Bußmann, JR 1955, S. 202 ff., 204; ferner Arzt, Der strafrechtliche Schutz der Intimsphäre, S. 33 Anm. 87 mit weiteren Hinweisen; vgl. näher 3. Kap., II. 4 d und 4. Kap., III.

[56] Neumann-Duesberg, Anm. zu BGH („Bundesligafußballspieler"), BGHZ Schulze 150, S. 18 f.; anders in GRUR 1954, S. 48; einschränkend KG, 19.2.1952, Schulze KGZ 4, S. 12 f. („Waldbühne").

IV. Die rechtlich geschützten Interessen

menhang mit materiellen und wirtschaftlichen Werten erkennen. Der Bildnisschutz sei reiner Persönlichkeitsschutz.

Relevanz könnte diese Auffassung Neumann-Duesbergs neben den hier nicht zu erörternden Fällen der Wirtschaftsreklame und der sog. Exclusivberichterstattung, bei denen es um das wirtschaftliche Interesse der Person an der Kommerzialisierung des Persönlichkeitsrechts geht, dann zukommen, wenn sich der Abgebildete gegen eine Bildberichterstattung ausschließlich wegen der hierin liegenden Beeinträchtigung oder Gefährdung geschäftlicher oder sonst vermögensrechtlicher Interessen wendet[57]. Der Abgebildete wäre dann zumindest unter dem Gesichtspunkt des Persönlichkeitsrechts am eigenen Bild nicht geschützt, obwohl ein Schutzbedürfnis wohl außer jedem Zweifel steht. Wenn Neumann-Duesberg meint, seine Auffassung führe nicht zu unbilligen Ergebnissen, denn stehe ein Informationszweck im Vordergrund, hätten die materiellen und wirtschaftlichen Interessen des Abgebildeten hinter dem Anliegen der Publizistik zurückzutreten[58], so steht dem entgegen, daß den von der Presse verfolgten Interessen im Falle eines Interessenkonflikts nicht generell der Vorrang vor vermögensrechtlichen Interessen des Abgebildeten einzuräumen ist[59]. Die These Neumann-Duesberg, an einem Fall der Wirtschaftsreklame entwickelt, kann allenfalls für diesen und den der sog. Exclusivberichterstattung Geltung beanspruchen, also in Fällen der Kommerzialisierung des Persönlichkeitsrechts am eigenen Bild[60].

---

[57] Vgl. dazu den Fall des KG, 14. 5. 1968, NJW 1968, S. 1969 („Bordellspion").
[58] Neumann-Duesberg, S. 19.
[59] Vgl. 3. Kap., II. 3 e.
[60] Vgl. dazu eingehend Schwerdtner, das Persönlichkeitsrecht, S. 265 ff., der einem weitgehendsten Recht zur Kommerzialisierung des Persönlichkeitsrechts am eigenen Bild das Wort redet.

Zweites Kapitel

Die Gewährleistung der Pressefreiheit durch das Grundgesetz

I. Die Struktur des heutigen Pressewesens[1]

Im Rahmen der Problematik eines Persönlichkeitsschutzes vor Pressepublizität steht dem Persönlichkeitsrecht am eigenen Bild die Pressefreiheit nach Art. 5 I GG gegenüber. Ihre Gewährleistung kann nicht ohne Blick auf die heutige Struktur unseres Pressewesens gesehen werden, wenn es richtig ist, daß eine Norm auch durch einen Ausschnitt sozialer Wirklichkeit konstituiert wird[2].

Hier kann festgestellt werden, daß die Presseunternehmen infolge ihrer Eingliederung in unsere Wirtschaftsordnung nach privatwirtschaftlichen Grundsätzen arbeiten, d. h. Information und Meinung werden als entgeltliche Ware oder Leistung auf dem Markt angeboten und verkauft: Information und Meinung sind zum Gegenstand des Gewinnstrebens privater Unternehmen geworden[3]. Hieraus folgt, daß diese beim Absatz ihres „Produktes" den marktwirtschaftlichen Regeln von Angebot und Nachfrage unterliegen. Die Abhängigkeit der Presseunternehmen von der Nachfrage und folglich von den Erwartungen, Bedürfnissen und Interessen der Rezipienten ist damit offenkundig[3a]. Wenn auch in unterschiedlichem Maße, orientieren sich die Presseorgane in dem, was und wie sie publizieren, weitestgehend an den Interessen der Rezipienten, und vor allem, von wenigen Presseorganen abgesehen, sind hierbei nicht die Interessen und Bedürfnisse einer anspruchsvollen Minderheit, sondern diejenigen der breiten Öffentlichkeit maßgebend. Wohl zu Recht meint Stammler, es erscheine höchst zweifelhaft, ob man tatsächlich nur einen Prozeß der „Nivellierung des Sortiments" oder nicht auch des Niveaus konstatieren könne[4].

---

[1] Vgl. zum folgenden insbes. Stammler, S. 65 ff.
[2] Vgl. dazu Fr. Müller, Juristische Methodik, S. 107.
[3] Habermas, Strukturwandel der Öffentlichkeit, S. 199 ff.
[3a] Vgl. Stammler, S. 67 f.; ferner Rehbinder, Die öffentliche Aufgabe und rechtliche Verantwortlichkeit der Presse, S. 43; daneben besteht selbstverständlich auch die Abhängigkeit von den Interessenten.
[4] Vgl. Stammler, S. 70.

II. Pressefreiheit und „öffentliche Aufgabe" der Presse

1. Die Lehre von der grundrechtsimmanenten Schranke

Nach h. M. erstrecke sich der Geltungsbereich des Art. 5 I GG auf sämtliche der Presse typischen Tätigkeiten. Der Begriff „Presse" wird weit und formal ausgelegt; der Grundrechtsschutz ist nicht von einer Bewertung der Druckerzeugnisse, dem jeweils verfolgten Interesse oder der Qualität des Druckerzeugnisses abhängig[5]. Eine Beschränkung der Pressefreiheit auf die „seriöse" Presse wird abgelehnt.

Demgegenüber wollen vor allem von Mangoldt-Klein und F. Schneider aus der „öffentlichen Aufgabe" der Presse unmittelbare verfassungsrechtliche Begrenzungen der Pressefreiheit herleiten.

Nach F. Schneider besteht das Grundrecht der Pressefreiheit ausschließlich oder doch in erster Linie um der Erfüllung einer „öffentlichen Aufgabe" willen und nur, soweit die Presse diese Aufgabe erfüllt. Presseerzeugnisse, die „öffentliche Aufgaben" nicht wahrnehmen, sollen den Schutz des Art. 5 I GG nicht genießen[6]. F. Schneider will damit der sog. „Sensations-, Unterhaltungs- und Geschäftspresse" von vornherein den Grundrechtsschutz des Art. 5 I GG entziehen. Denn man werde sich doch schon rein gefühlsmäßig fragen müssen, ob der Staat etwa an ein Blatt, das durch Bilder und Texte — ohne daß diese pornographisch zu sein brauchten — sexuell reizen oder auch nur unterhalten und damit Geld verdienen will, den höchsten Schutz, den er zu gewähren hat, den Schutz eines Grundrechts vergeben will[7]. Nach v. Mangoldt / Klein ist Presse „nur die Veröffentlichung von Druckerzeugnissen im (Rahmen des) öffentlichen Interesse(s), in öffentlicher Funktion, nicht hingegen in einem bloßen Vergnügungs- (einschließlich Sensations-)Interesse der Leser ... Presse in diesem Sinne ist nur die Veröffentlichung politisch-kutlturell-weltanschaulicher Nachrichten und Stellungnahmen sowie die sonstige sachliche Berichterstattung in Zeitungen und Zeitschriften"[8]. Presseveröffentlichungen, die diesem Pressebegriff nicht entsprechen, stehen damit nicht unter dem Schutz des Art. 5 I GG. Im Unterschied zu F. Schneider beschränken sie

---

[5] Vgl. u. a. BVerfG, 14. 2. 73, BVerfGE 34, S. 269, 283; BVerfGE 35, S. 202, 222; Arndt, NJW 1963, S. 193 f.; Herzog, in Maunz / Dürig / Herzog, Art. 5, Rdn. 128; Rehbinder, NJW 1963, S. 1387 f.; Scheuner, VVDSTRL 22, S. 66, 68 f.; Schnur, VVDSTRL 22, 101, 104 f.; von Gamm, NJW 1979, S. 513, 515.
[6] Franz Schneider, Presse- und Meinungsfreiheit, S. 136 ff.; ders. in NJW 1963, S. 665 f., Anm. zu BGH, 15. 1. 1963 („Call-Girl"); ebenso Erdsiek NJW 1963, S. 1392; wohl auch Hesse, Grundzüge des Verfassungsrechts, S. 151.
[7] F. Schneider, S. 137.
[8] von Mangoldt / Klein, Art. 5 GG, S. 245.

bereits den Begriff der „Presse" auf den Bereich der „öffentlichen Aufgabe" der Presse.

2. Stellungnahme

Die oben dargelegte Struktur der Presse wird auch von F. Schneider nicht verkannt. Aus dem System des Grundgesetzes gehe jedoch hervor, daß dieses „nicht eine Einnahmequelle des Verlegers als Einnahmequelle schützen will, sondern es will sie schützen, weil durch die Zeitung neben ihrer Funktion als Einnahmequelle gleichzeitig auch eine öffentliche Funktion ... ausgeübt wird"[9]. Diese spricht er der „Unterhaltungs- und Sensationspresse" ab, da bei dieser das Bemühen um die Erfüllung einer öffentlichen Aufgabe gänzlich fehle und durch das Streben nach finanziellem Gewinn um jeden Preis ersetzt werde[10]. Bereits die Schlußfolgerung vom wahrgenommenen Interesse auf die ausschließliche Motivation des geschäftlichen Gewinns und damit auf die fehlende Bereitschaft zur Wahrnehmung einer öffentlichen Aufgabe begegnet Bedenken, ganz abgesehen von den Abgrenzungsschwierigkeiten der „nur Unterhaltungs- und Sensations"-presse zu der „auch" öffentliche Interessen wahrnehmenden Presse in der Praxis[11].

F. Schneider weist zur Begründung seiner Ansicht weiter auf die geschichtliche Entwicklung der Pressefreiheit hin. Die Pressefreiheit sei immer ein Kampf für das „politisch-weltanschaulich und wissenschaftlich" freie Wort in der Presse gewesen[12]. Diese Feststellung Schneiders trifft in der Tat für die liberale Ära des 19. Jahrhunderts zu. Die Presse war damals ein Forum der geistig-weltanschaulichen Kommunikation, das Sprachrohr in der politischen Auseinandersetzung des bürgerlichen Publikums, um mit einem Wort Schüles zu sprechen, „Bürgergespräch in öffentlichen Angelegenheiten"[13]. Die Funktion der Presse war mithin auf ein bestimmtes Sachgebiet und ein bestimmtes Publikum zugeschnitten. Stammler ist darin zuzustimmen, daß heute die periodische Presse, insbesondere die Tagespresse, diese Funktion eines Bürgergesprächs in öffentlichen Angelegenheiten weitgehend verloren hat[14].

Bedingt durch eine Erweiterung des Rezipientenkreises infolge der privatwirtschaftlichen Struktur der Presse, aber auch durch eine stärkere Akzentuierung des Freizeit- und Erholungsbereiches, nimmt die

---

[9] F. Schneider, Pressefreiheit, S. 141.
[10] F. Schneider, Pressefreiheit, S. 137.
[11] Hierauf weist zutreffend Herzog, in Maunz/Dürig/Herzog, Art. 5 Rdn. 128 hin.
[12] F. Schneider, Pressefreiheit, S. 137; ebenso v. Mangoldt/Klein, Anm. IV, 3.
[13] Schüle, Persönlichkeitsschutz und Pressefreiheit, S. 62.
[14] Stammler, S. 202; ferner Hoffmann-Riem, JZ 1975, S. 469/471.

II. Pressefreiheit und „öffentliche Aufgabe" der Presse

Presse neben ihrer historisch-politischen Funktion heute weitgehend Funktionen im allgemein-gesellschaftlichen Bereich, wie auf den Gebieten der Unterhaltung, des Sports, der Bildung, der Erziehung usw. wahr. Spricht man wie F. Schneider und v. Mangoldt / Klein dem Begriff der „öffentlichen Aufgabe" eine unmittelbare verfassungsrechtliche Relevanz zu, dann wäre zu untersuchen, ob nicht dieser Funktionswandel der Pressetätigkeit ein neues Verfassungsverständnis der Pressefreiheit erfordert. Ansätze hierzu finden sich bei Hoffmann-Riem und Stammler[15]. In Erweiterung zu früheren Beschreibungen der „öffentlichen Aufgabe" der Medien, die primär auf den politischen Bereich zugeschnitten waren[16], soll nach BVerfG „Lebach" den Medien u. a. „für die Integration der Gemeinschaft in allen Lebensbereichen" maßgebende Bedeutung zukommen; sie verschaffen dem Bürger die erforderliche umfassende Information „über das Zeitgeschehen" und „über Entwicklungen im Staatswesen und im gesellschaftlichen Leben"[17]. Wie auch in den früheren Entscheidungen des Gerichts dient die faktische Beschreibung des Funktionsbereichs der Medien der Begründung ihrer grundsätzlich bevorzugten Rechtsstellung gegenüber anderen Rechtsträgern innerhalb der Gesellschaft. Da dem Gericht wohl kaum entgangen sein kann, daß bei der Kriminalitätsberichterstattung in Form eines Dokumentarspiels der Erholungs- und Freizeitfaktor und damit der Unterhaltungsbereich aus der Sicht der Rezipienten eine mehr oder minder große Rolle spielt, kann man wohl zu Recht feststellen, daß im „Lebach-Urteil" zumindest Ansätze einer Neuorientierung der Medienfreiheit zu finden sind, dem Funktionswandel der Medien damit auch normativ Rechnung getragen wird[18].

Das verfassungsrechtlich wohl entscheidende Argument gegen die Lehre einer grundrechtsimmanenten Schranke der Pressefreiheit liegt in der aus ethischen Kategorien wie „gut und schlecht", „seriös und unseriös" gezogene normative Konsequenz für die Auslegung des Schutzbereichs der Pressefreiheit. Es widerspricht dem Sinn einer freiheitlichen Verfassung mit ihrem Pluralismus von Wertvorstellungen, „sittliche Prinzipien eines anständigen Zeitungswesens in die Staatsverfassung als rechtlich-verbindliche Staatsethik" hineinzuinterpretieren[19]. Zutreffend hat A. Arndt hieraus die Folgerung gezogen, daß

---
[15] Vgl. Hoffmann-Riem, JZ 1975, S. 472; Stammler, S. 211; bereits Schnur hat die Frage gestellt, ob man in der heutigen Freizeitgesellschaft nicht auch die Unterhaltung zu den „öffentlichen Aufgaben" rechnen müßte, S. 106 Anm. 10.
[16] Vgl. u. a. BVerfGE 12, S. 205, 260 („Fernsehurteil"); BVerfGE 20, S. 162, 174 („Spiegel-Urteil").
[17] BVerfGE 35, S. 222.
[18] Ebenso Hoffmann-Riem, JZ 1975, S. 471.
[19] A. Arndt, NJW 1963, S. 194; ebenso Schnur, S. 104 Anm. 9.

dann der verfassungsrechtliche Schritt zum Weltanschauungsstaat getan sei[20].

Die Gefahren, den Schutz der Verfassung von der Erfüllung einer „öffentlichen Aufgabe" abhängig zu machen und damit über qualitative und inhaltliche Wertungen von vornherein eine Reihe von Presseerzeugnissen aus dem Schutzbereich des Artikels 5 I GG zu eliminieren, mag ein Rückblick in unsere jüngste Vergangenheit verdeutlichen. Das OLG Frankfurt hat im „Stürmer-Urteil" ausgeführt:

— „So lange die Presse allerdings nur der Förderung persönlicher Erwerbsinteressen oder politischer, häufig dem Staatswohl abträglicher Bestrebungen besonderer Volkskreise diente, war ihr in der Rechtsprechung das Recht zur Wahrnehmung berechtigter Interessen nicht im weiteren Umfange als Privatperson zugebilligt worden ... Dieser Rechtsgrundsatz kann aber für die heutige Presse keine Geltung mehr haben, nachdem das Pressewesen auf eine durchaus neue Grundlage gestellt worden ist und gem. § 1 SchrLG der Schriftleiter Träger einer öffentlichen Aufgabe mit besonderen Rechten und Pflichten geworden ist und die Presse vornehmlich die öffentliche Erziehung und Belehrung zur Aufgabe hat[21]."

Hier wird deutlich, die Freiheit der Presse mittels einer Bindung an eine von Staats wegen zu bestimmende Aufgabe einzuschränken, um von vornherein bestimmte Freiheitsrisiken auszuschließen, die jeder freiheitlichen Verfassung eigen sind. Damit wird letztlich die Pressefreiheit selber in Frage gestellt.

Jagusch kann darin zugestimmt werden, daß „selbst eine sog. schlechte Presse ... unendlich wertvoller als ein bloßer Maulkorb" ist[22].

Der Schutzbereich der Pressefreiheit ist damit weit auszulegen und unabhängig von den jeweils verfolgten Interessen oder der Qualität der Berichterstattung. Die Verfassung hat den Mißbrauch in Art. 18 GG und den möglichen Konflikt zwischen Pressefreiheit und dadurch betroffene Interessen Privater durch Verweisung auf die allgemeine Rechtsordnung in Art. 5 II GG geregelt.

---

[20] A. Arndt, NJW 1963, S. 194.
[21] OLG Frankfurt, JW 1937, S. 126, 127.
[22] Jagusch, NJW 1963, S. 177, 178.

Drittes Kapitel

Personen der Zeitgeschichte

Die Pressefreiheit nach Art. 5 I GG umfaßt auch das Recht zur Bildberichterstattung. Seine Schranke findet es nach Art. 5 II GG u. a. in den Vorschriften der allgemeinen Gesetze. Zu diesen gehören die §§ 22, 23 KUG[1]. Danach dürfen Bildnisse aus dem Bereich der Zeitgeschichte ohne Einwilligung des Abgebildeten veröffentlicht werden, soweit nicht berechtigte Interessen des Abgebildeten entgegenstehen (§§ 23, I, Ziff. 1; 23 II KUG). Für die Beantwortung der Frage, ob der Presse im Zusammenhang mit einer Kriminalberichterstattung überhaupt das Recht zur Veröffentlichung des Bildes eines Tatverdächtigen ohne dessen Einwilligung während des Ermittlungsverfahrens zusteht, ist demnach vor allem die Auslegung des Bereichs der Zeitgeschichte entscheidend.

I. Die bisherigen Lehren

1. Kurzer historischer Abriß

Neben der Kontroverse um die Anerkennung eines Persönlichkeitsrechts am eigenen Bild wurde in der Literatur insbesondere die Frage diskutiert, ob auch die Bildveröffentlichung von Personen des „öffentlichen Lebens" einem Genehmigungsvorbehalt des Abgebildeten unterliegen sollte[2].

Kohler vertrat die von ihm zum Namensrecht entwickelte Auffassung, Personen, die der Geschichte angehörten, sich im öffentlichen Getriebe bewegten, müßten sich die Veröffentlichung ihres Porträts gefallen lassen[3]. Die Qualifizierung einer Person als Person des „öffent-

---

[1] BVerfGE 35, S. 224 („Lebach"); Erdsiek, AfP 1973, S. 413, 414.
[2] Übereinstimmung bestand bei Veröffentlichungen im öffentlichen Interesse (§ 24 KUG), vgl. u. a. Keyßner, Recht am eigenen Bild, S. 41 f. und Cohn, S. 41, ebenso RG, 26.1899, RGST 32, 199 ff.; im Grundsatz unumstritten waren auch die in §§ 23, I, Ziff. 2 und 3 KUG festgelegten Ausnahmen, vgl. dazu insbes. Keyßner, Recht am eigenen Bild, S. 43 ff. und Rietschel, S. 161 f.; ferner § 14 II des Entwurfs eines Photographie-Gesetzes von 1902.
[3] Vgl. Kohler, Archiv f. bürgerl. Recht, Bd. V, S. 83 und S. 88; im Ergebnis ebenso Rietschel, S. 176, der bei diesen Personen grds. ihr Interesse auf Diskretion nicht als verletzt ansah.

lichen Lebens", wobei diesem Personenkreis bekannte Künstler, Schriftsteller und Wissenschaftler gleichgestellt wurden, oder als „Privatpersonen" sollte den Schutzbereich des Persönlichkeitsrechts bestimmen, eine Auffassung, die ihre Vorbilder vor allem in der französischen und amerikanischen Literatur und Rechtsprechung fand[4]. Dort wurde ein Recht der Öffentlichkeit anerkannt, das äußere Erscheinungsbild der Personen des „öffentlichen Lebens" kennen zu lernen[5]. Kohler bejahte andererseits auch bei diesen Personen einen Schutz ihrer privaten Sphäre. Einen Eingriff in die Privatsphäre durch Namenspublizität hielt er nur dann für zulässig, „soweit dies mit ihrer historischen Stellung zusammenhängt oder zur Charakteristik der Persönlichkeit dient"[6].

Diese Ausnahme lehnten insbesondere Keyßner und Gareis ab[7]. Beide Autoren verwiesen auf die Unsicherheit der Abgrenzung der Personenkreise[8]. Das Hauptargument formulierte Keyßner so: „Es fehlt an erkennbaren Umständen, aus denen auf Willen und Wollen geschlossen werden könnte, daß diese Personen mit ihrem öffentlichen Wirken auch schrankenlos das Recht zur Abbildung freigegeben haben[9]." Das Argument Keyßners geht bereits insoweit fehl, als Kohler die Namenspublizität auch bei Personen des „öffentlichen Lebens" durch den Schutz der Privatsphäre begrenzt sah. Andererseits wird bei Keyßner nicht deutlich, aus welchen materiellen oder ideellen Interessen die Bildpublizität bei diesem Personenkreis generell einem Genehmigungsvorbehalt unterliegen sollte.

Bereits bei den Beratungen der Reichstagskommission zum Entwurf des Reichsgesetzes von 1870 wurde erwogen, das Vervielfältigungsrecht des Urhebers von einer Genehmigung des Abgebildeten abhängig zu machen, dann aber unter Hinweis auf die Unpraktikabilität bei der Veröffentlichung des Porträts von Personen des öffentlichen Lebens abgelehnt, da diese nun jeder illustrierten Zeitung die Genehmigung zur Bildveröffentlichung hätten erteilen müssen[10]. Diese Ansicht ging wohl davon aus, eine Verletzung ideeller oder materieller Interessen sei grundsätzlich nicht gegeben, vielmehr würden bei diesem Personenkreis

---

[4] Vgl. dazu eingehend Olshausen, S. 496 ff.
[5] Vgl. die bei Olshausen mitgeteilte Entscheidung des „Federal Court of Boston" v. 19. 11. 1894, S. 497.
[6] Kohler, Archiv f. bürgerl. Recht, Bd. V S. 83.
[7] Keyßner, Recht am eigenen Bild, S. 36 ff. und Gutachten S. 84; Gareis, Gutachten, S. 14 f. und DJZ 1902, S. 412, 414; ebenso Stenglein, S. 502; Cohn, S. 48; auch § 14 des Entwurfs eines Ph-Gesetzes von 1902 enthielt diese Ausnahme nicht.
[8] Ebenso Olshausen, S. 497.
[9] Keyßner, Recht am eigenen Bild, S. 36.
[10] Vgl. Wächter, S. 76.

I. Die bisherigen Lehren

die Interessen der Allgemeinheit und des Abgebildeten weitgehend parallel gehen[11].

Der Gesetzgeber ist der von Kohler zum Namensrecht entwickelten Auffassung gefolgt. Dem Bereich der Zeitgeschichte werden in den Motiven Personen zugerechnet, die im öffentlichen Leben stehen oder in Kunst und Wissenschaft ein allgemeineres Interesse wachrufen[12]. Unter Hinweis auf die Rechtslage in anderen Ländern wird § 23 I, Ziff. 1 KUG damit begründet, es entspreche den natürlichen Bedingungen sozialen und geschichtlichen Lebens, der Allgemeinheit ein gewisses publizistisches Anrecht an der freien Darstellung dieser Person einzuräumen. Der Gesetzgeber sah damit den Zweck der Vorschrift in der Befriedigung eines Bildinformationsinteresses der Allgemeinheit über bestimmte Personen von öffentlichem Interesse.

2. Literatur und Rechtsprechung

Die ganz h. M. versteht den Begriff Zeitgeschichte im Sinne von Zeitgeschehen und lehnt eine Beschränkung des „Bereichs der Zeitgeschichte" auf Personen oder Ereignisse von historischer Bedeutung ab[13]. Teilweise wird gerade wegen der Aktualität eines Ereignisses dem Informationsinteresse der Allgemeinheit ein Vorzugsprinzip gegenüber den Interessen des Abgebildeten zugestanden[14].

sVor allem Schiffer wollte dagegen die Zulässigkeit einer Bildpublizität nur bei Personen anerkennen, „die Entscheidendes im Staatsleben bewirkt oder Unvergängliches auf dem Gebiet der Kunst oder Wissenschaft geschaffen oder sonst etwas Außergewöhnliches, wenn auch im schlechten Sinne, geleistet hätten"[15]. Die historische Bedeutung einer Person ist allein maßgeblicher Wertfaktor des Bildinformationsinteresses der Allgemeinheit. Diese Auffassung ist insoweit enger als die von Kohler zum Namensrecht entwickelte und vom Gesetzgeber in § 23 I, Ziff. 1 KUG übernommene Auffassung.

Umstritten ist vor allem, ob der „Bereich der Zeitgeschichte" entsprechend der Auffassung des Gesetzgebers auf Personen des „öffent-

---
[11] Vgl. Olshausen, S. 498.
[12] Motive zu § 23 I, Ziff. 1 KUG, mitgeteilt bei Osterrieth / Marwitz, S. 172.
[13] Vgl. u. a. Kohler, Kunstwerkrecht, S. 160; Osterrieth / Marwitz, S. 173; Neumann-Duesberg, JZ 1960, S. 114, 115; von Gamm, UrhG, Einf. Rdn. 119; hiervon geht auch die Rspr. aus, vgl. BVerfGE 35, S. 230 („Lebach").
[14] So vor allem BVerfGE 35, S. 231 („Lebach") und Staudinger, § 823 Anm. 204 bei der Kriminalitätsberichterstattung; kritisch dazu Hoffmann-Riem, JZ 1975, S. 473; ders. in Medienwirkung und Medienverantwortung, S. 51; vgl. zum Vorrangprinzip 4. Kap., IV. 2.
[15] Schiffer, JW 1924, S. 1780, Anm. zu KG, 26. 7. 1924 („Herausgeber einer Zeitschrift"); ferner H. Ballin, Ufita Bd. 19, S. 290, 299, „Bindung des Richters an ein Element historischen Geschehens".

lichen Lebens" und diesen gleichgestellte Personen, wie bekannte Künstler, Schriftsteller und Wissenschaftler, beschränkt ist.

Überwiegend wurde in der älteren Rechtsprechung im Anschluß an Allfeld eine Person dann dem „Bereich der Zeitgeschichte" zugerechnet, wenn sie im Leben des Volkes eine bemerkenswerte Stellung eingenommen und sich mit „Bewußtsein" in die Öffentlichkeit begeben habe[16]. Entscheidendes Zuordnungskriterium war das „bewußte" Eintreten einer Person in die Zeitgeschichte, im Gegensatz zu Personen, die gegen oder ohne ihren Willen in diese hineingedrängt wurden. Zu den letzteren wurden u. a. Personen, die „durch die Begehung eines Verbrechens bekannt geworden sind", gezählt[17]. Nach dieser Auffassung entscheidet ausschließlich der Wille des Abgebildeten darüber, ob und inwieweit er mit seiner Person der Zeitgeschichte zuzurechnen ist[18]. In Übereinstimmung mit dem Gesetzgeber wird die Bedeutung des § 23 I, Ziff. 1 KUG allein in einer Beschränkung des Selbstbestimmungsrechts der Person nach § 22 KUG für den Bereich der selbst gewählten Öffentlichkeit gesehen.

In der neueren Literatur und Rechtsprechung vertreten eine restriktive Auslegung des § 23 I, Ziff. 1 KUG besonders Schwerdtner und Eb. Schmidt[19]. Nach Schwerdtner steht einer Erweiterung des Personenkreises über die im öffentlichen Leben stehenden Personen hinaus der Gesetzeszweck entgegen. Für diese sei der „Verlust der Bildanonymität der Preis ihrer frei gewählten gesellschaftlichen Stellung"[20]. Hier kommt wie bereits bei Allfeld der Gedanke des Gesetzgebers zum Ausdruck, der — überspitzt formuliert — das Öffentliche als einen „Pranger" ansah, der nur denen zugemutet werden könne, die sich selber in die Öffentlichkeit begeben haben. Hiervon geht auch Eb. Schmidt aus, der jedoch im Unterschied zu Allfeld und Schwerdtner § 23 I, Ziff. 1 KUG nur bei „Bildnissen aus dem Bereich der Zeitgeschichte" für anwendbar hält. Der Bezug auf einen zeitgeschichtlichen Vorgang, zu dem er

---

[16] Allfeld, KUG, S. 136; AG München, 4. 11. 1927, JW 1928, S. 376 („Therese von Konnersreuth"); LG Berlin, 6. 3. 1928, JW 1929, S. 45 ff.; KG, JW 1928, S. 421 ff. („Harry Domela"); ablehnend dazu bereits Osterieth / Marwitz, S. 172 f.; Goldschmidt II, JW 1928, S. 376; Möhring, JW 1929, S. 3078.

[17] Allfeld, KUG, S. 136.

[18] Deutlich AG München, wo maßgeblich auf den Willen der Abgebildeten abgestellt wird, JW 1928, S. 376.

[19] Schwerdtner, Das Persönlichkeitsrecht in der dt. Zivilrechtsordnung, 1977, S. 214 ff.; Eb. Schmidt, Öffentlichkeit oder Publicity?, in Festschrift für Walter Schmidt, 1959, S. 347 ff.; ders. in Justiz und Publizistik, 1968, S. 23 f.; für eine Beschränkung auf „Personen des öffentlichen Lebens" ferner OLG Hamburg, 26. 3. 1970, in Schulze OLGZ 116, S. 5 f.; Kleine JZ 1956, S. 658, 659; wohl auch H. Huber, in Schüle / Huber, Persönlichkeitsschutz und Pressefreiheit, 1961, S. 78.

[20] Schwerdtner, S. 216.

I. Die bisherigen Lehren

ein Strafverfahren bzw. eine Straftat nicht rechnet[21], müsse sich aus der Bilddarstellung selber ergeben, wie z. B. der Bundeskanzler auf der Rednertribüne des Bundestages oder ein weltbekannter Sportler auf dem Sportplatz[22]. Ein Bezug außerhalb des Bildes, bei der Bildberichterstattung aus dem Begleittext, reicht nach Eb. Schmidt demnach nicht aus. Die Konsequenz dieser Auffassung ist, daß eine mittels Porträt identifizierende Berichterstattung ohne Einwilligung des Abgebildeten nicht zulässig ist.

Eb. Schmidt greift hier offensichtlich einen von Bussmann entwickelten Gedanken auf, der jedoch diese, mit der Auffassung des Gesetzgebers selber nicht in Einklang zu bringende Konsequenz nicht gezogen hat. Bussmann unterscheidet zwischen Ereignis- oder Handlungsbildern und Porträts[23]. Bei den ersteren stellt er darauf ab, ob das mit dem Bild dargestellte Ereignis in den Bereich der privaten Sphäre oder in den Bereich der Zeitgeschichte gehört. Letzteres bestimmt er danach, ob das Ereignis sich öffentlich abgespielt hat und allgemeines Interesse verdient[24]. Bussmann schränkt diesen weiten Bereich des Öffentlichen selber dadurch ein, daß er auch ein „privates" Auftreten in der Öffentlichkeit anerkennt; m. a. W. der Schutz der Privatsphäre wird nicht auf den Bereich des räumlich Abgeschlossenen beschränkt[25]. Für diese Fallgruppe soll daher die Feststellung der Eigenschaft als „Personen der Zeitgeschichte" überflüssig sein. Bei Porträts greift Bussmann dagegen auf den Begriff „Personen der Zeitgeschichte" zurück.

Die h. M. beschränkt die Zulässigkeit einer Bildpublizität nicht auf bereits im öffentlichen Leben stehende Personen. Ein berechtigtes Informationsinteresse soll auch bei Personen in Betracht kommen, die zu einem Ereignis oder Geschehen von öffentlichem Interesse in Beziehung stehen[26]. Weitgehend besteht Übereinstimmung, daß bei diesen Personen

---

[21] Eb. Schmidt, Öffentlichkeit oder Publicity, S. 348.
[22] Eb. Schmidt, Justiz und Publizistik, S. 24 Anm. 45.
[23] Bußmann, Gutachten, S. 41; ablehnend Neumann-Duesberg, JZ 1960, S. 114.
[24] Bußmann, Gutachten, S. 41.
[25] Vgl. die von ihm erwähnte Bildveröffentlichung des Reichspräsidenten Ebert und des Innenministers Noske in der Badehose am Badestrand, die er unter Hinweis auf den Schutz der Privatsphäre für unzulässig hält; ebenso Allfeld, DJZ 1920, S. 702 und Hubmann JZ 1957, S. 521, 524.
[26] Aus der Lit. vgl. u. a. Kohler, Kunstwerkrecht, S. 157 ff.; Osterrieth / Marwitz, S. 174; Neumann-Duesberg, JZ 1960, S. 114 ff. und Juristen-Jahrbuch 1966/67, S. 138 ff.; von Gamm, UrhG, Einf. Rdn. 112 ff.; Koebel, MDR 1972, S. 8, 9; Ulmer, Urheberrecht, S. 40; Hubmann, Persönlichkeitsrecht, S. 299 f.; Werhahn, Ufita Bd. 37, S. 22, 27 ff.; Erdsiek, AfP 1973, S. 414; aus der Rspr. u. a. OLG München, 15. 11. 1962, NJW 1963; S. 658 ff. („Lebensmittelskandal"); OLG Oldenburg, 18. 11. 1963, NJW 963, S. 920 ff.; OLG Stuttgart, 19. 12. 1958, JZ 1960, S. 126 ff. („Brutaler Übereifer"); OLG Braunschweig, 24. 10. 1974,

das Informationsinteresse sachlich auf dieses Ereignis beschränkt ist und zeitlich nur so lange besteht, wie dem Ereignis Aktualität zukommt[27].

Neumann-Duesberg bezeichnet diese Personen als relative Personen der Zeitgeschichte; den Gegensatz sollen die absoluten Personen der Zeitgeschichte bilden, bei denen er ein berechtigtes Informationsininteresse „an allem, was nicht zu ihrem Privat- und Familienleben gehört, sondern ihre Teilnahme am öffentlichen Leben ausmacht", anerkennt[28]. Diesem Personenkreis werden die bereits im öffentlichen Leben stehenden Personen und weiter solche zugeordnet, die zu einem Ereignis von historischer Bedeutung in Beziehung stehen, wie z. B. der angebliche Kennedy-Mörder Oswald[29].

Abgesehen von Kohler finden sich erst in der neueren Literatur und Rechtsprechung Begründungen zu dieser extensiven Auslegung des § 23 I, Ziff. 1 KUG. Kohler selbst vertrat eine extensive Auslegung auf Grund seiner These, das äußere Erscheinungsbild einer Person sei der Öffentlichkeitssphäre zuzuordnen, die im Gegensatz zur Privatsphäre durch die grundsätzliche Zulässigkeit einer Bildpublizität zu kennzeichnen sei[30]. Während z. T. ganz allgemein auf ein „in der heutigen Massendemokratie rechtlich anerkennenswertes Bedürfnis nach Bildberichterstattung auch in Fällen solcher Art" hingewiesen wird[31], begründet Neumann-Duesberg die Erweiterung auf relative Personen der Zeitgeschichte unter Berufung auf die vom Bundesverfassungsgericht bei Art. 5 GG praktizierte Wechselwirkungstheorie[32]. Nach dieser Theorie findet eine Wechselwirkung in dem Sinne statt, daß die „allgemeinen Gesetze" zwar dem Wortlaut nach der Medienfreiheit

---

Ufita Bd. 74 S. 342 ff. („Hehler"); OLG Hamburg, 5. 2. 1976, AfP 1976, S. 137 ff. („Banklady"); OLG Frankfurt, 26. 5. 1976, AfP 1976, S. 181 ff.; BVerfGE 35, S. 230 („Lebach").

[27] Weitergehend KG, 10. 4. 1953, in Schulze KGZ 14, S. 5 („Richterhochzeit"), wo eine Beschränkung auf die Umstände, die den Abgebildeten zur Person der Zeitgeschichte gemacht haben, abgelehnt wird.

[28] Neumann-Duesberg, JZ 1960, S. 115; ebenso Rehbinder, Die öffentliche Aufgabe, S. 93; Werhahn, S. 83 f.; Koebel, JZ 1966, S. 389, 390; der Unterscheidung absolute und relative Personen der Zeitgeschichte folgen weiter u. a. Scholler, Person und Öffentlichkeit, S. 92; Erdsiek, AfP 1973, S. 414; OLG München, S. 698 („Lebensmittelskandal"); OLG Koblenz, JZ 1973, S. 28; OLG Frankfurt, AfP 1976, S. 181; LG Bielefeld, Schulze LGZ 111, S. 6.

[29] Neumann-Duesberg, Juristen-Jahrbuch 1966/67, S. 151.

[30] Vgl. dazu 1. Kap., I; ähnlich sieht A. Arndt in der Bildpublizität selbst grds. keine Verletzung berechtigter Interessen des Abgebildeten, da der Bildempfänger nicht mehr erfahre, als was ohnehin und jederzeit öffentlich zugänglich sei, nämlich das äußere Erscheinungsbild, Anm. zu BGH 16. 9. 1966 („Vor unserer eigenen Tür") NJW 1967, S. 1845, 1847.

[31] OLG Stuttgart, JZ 1960, S. 128 („Brutaler Übereifer"); ähnlich Koebel, JZ 1966, S. 390.

[32] Neumann-Duesberg, Schulze OLGZ 95, S. 7; ebenso OLG Hamburg, AfP 1973, S. 178 („Bank-Lady").

I. Die bisherigen Lehren

Schranken setzen, ihrerseits aber aus der Erkenntnis der wertsetzenden Bedeutung dieses Grundrechts im freiheitlich-demokratischen Staat ausgelegt und so in ihrer das Grundrecht begrenzenden Wirkung selber wieder eingeschränkt werden müssen[33].

Hiervon ausgehend hat das BVerfG „Lebach" betont, die Anwendung der §§ 22, 23 KUG dürften einerseits die Medienfreiheit nicht übermäßig einengen, andererseits sei zu beachten, daß die Beschränkung der Medienfreiheit dem Schutze eines Persönlichkeitsrechts diene[34].

Nach einer vor allem in der älteren Literatur vertretenen Auffassung entscheidet ausschließlich das Interesse der Allgemeinheit über die Zugehörigkeit einer Person zur Zeitgeschichte[35]. Maßgebend soll sein, ob dem Ereignis und der dazu in Beziehung stehenden Person zeitgeschichtliche Bedeutung zukommt, was bejaht wird, wenn Ereignis und Person von der öffentlichen Meinung als bedeutsam und der Beachtung wert empfunden werden. Dieses öffentliche Interesse wird weder bei § 23 I, Ziff. 1 KUG noch im Rahmen der berechtigten Interessen nach § 23 II KUG in Relation zu den von einer öffentlichen Darstellung ausgehenden ideellen, materiellen oder sonstigen Beeinträchtigungen des Betroffenen gesetzt[36].

In der neueren Literatur und Rechtsprechung wird eine Abwägung des Anonymitätsinteresses des Betroffenen mit dem Informationsinteresse der Allgemeinheit gefordert. Vor allem Neumann-Duesberg verlagert diese Abwägung in die Auslegung des „Bereichs der Zeitgeschichte" gem. § 23 I, Ziff. 1 KUG[37]. Sie soll über die relative Zuordnung einer Person zur Zeitgeschichte und damit über das „ob" einer Bildpublizität überhaupt entscheiden. Weitgehend offen bleiben bei ihm die maßgeblichen Abwägungskriterien. Wenn nach ihm die Abwägung allein an Hand des Ereignisses zu treffen ist, mit dem die Person in Zusammenhang gebracht wird, legt dies zumindest die Vermutung nahe, daß auch hier letztlich ein Ereignis von öffentlichem Interesse das „ob" einer Bildpublizität bestimmt, ohne daß den dadurch tangierten Interessen des Betroffenen maßgebliche Bedeutung zu-

---

[33] St. Rspr., vgl. u. a. BVerfGE 7, S. 198, 208 („Lüth"); 35, S. 223 f. („Lebach").
[34] BVerfGE 35, S. 225.
[35] So vor allem Osterrieth/Marwitz, S. 174; ferner Kohler, Kunstwerkrecht, S. 160; OLG Nürnberg, MDR 1963, S. 412/413 („Notar"); ebenso wohl auch Runge, Anm. OLG Nürnberg, 5. 3. 1956, Schulze OLGZ 22, S. 22.
[36] Ganz deutlich OLG Nürnberg, S. 413 („Notar").
[37] Neumann-Duesberg, Juristen-Jahrbuch 1966/67, S. 144; ders. Anm. OLG Hamburg, 7. 3. 1968, Schulze OLGZ 87, S. 10; OLG Köln, 22. 5. 1973, Schulze OLGZ 133, S. 133; ebenso Koebel, MDR 1972, S. 9; Werhahn, S. 29; die Rspr. nimmt die Interessenabwägung zumeist bei § 23 III KUG vor, so z. B. OLG Hamburg, AfP 1976, S. 139 („Bank-Lady"); OLG Frankfurt, AfP 1976, S. 181; ebenso v. Gamm, UrhG, Einf. Rdn. 113; offen gelassen von BVerfGE 35, S. 225.

kommt[38]. Grundsätzliche Ausführungen zur Interessenabwägung enthält die „Lebach"-Entscheidung des BVerfG[39]. Diese hat nach Auffassung des Gerichts danach zu erfolgen, ob das von den Medien verfolgte öffentliche Interesse generell und nach der Gestaltung des Einzelfalles den Vorrang verdiene, ob der beabsichtigte Eingriff in die Privatsphäre nach Art und Reichweite durch dieses Interesse gefordert werde und in einem angemessenen Verhältnis zur Bedeutung der Sache stehe[40]. An anderer Stelle weist es noch einmal ausdrücklich darauf hin, die durch eine öffentliche Darstellung bewirkte Einbuße an „Personalität" dürfe nicht außer Verhältnis zur Bedeutung der Veröffentlichung für die freie Kommunikation stehen[41]. Das BVerfG prüft damit zunächst am konkreten Fall einen Vorrang des öffentlichen Informationsinteresses, den es dann über das Prinzip der Verhältnismäßigkeit wieder einschränkt.

Problematisch ist weiter, welche Bedeutung den Motiven Sensationsinteresse, Neugier, Unterhaltung, geschäftliche Interessen für die Zulässigkeit einer Bildpublizität zukommt. Die überwiegende Auffassung will ein berechtigtes Informationsinteresse dann verneinen, falls die Bildveröffentlichung ausschließlich oder überwiegend aus den vorgenannten Motiven erfolge[42]. Nach einer Mindermeinung sind demgegenüber diese Motive bei der Bestimmung eines berechtigten Informationsinteresses der Allgemeinheit irrelevant[43].

Faßt man das Ergebnis dieses Überblicks zusammen, so ergibt sich folgendes: generell geht es für das „Ob" einer Bildberichterstattung im wesentlichen um drei Fragenkreise, nämlich ob eine personale Inan-

---

[38] Vgl. u. a. in Schulze OLGZ 87, S. 11; Juristen-Jahrbuch 1966/67, S. 152; weitergehend in Anm. OLG München, 10. 11. 1960, wo das Informationsinteresse in Relation zum Anonymitätsinteresse (berufliche Sphäre!) gesetzt wird, Schulze OLGZ 91, S. 21.

[39] Diese beziehen sich zwar auf das Fernsehen, und das Gericht betont mehrfach den Unterschied zwischen den Medien Fernsehen und Presse (vor allem im Hinblick auf den i. d. R. viel stärkeren Eingriff in die Privatsphäre durch das Fernsehen, S. 227 f.), sind jedoch von grds. Bedeutung für alle Medien; die Bedeutung der „Lebach"-Entscheidung für die Presse heben auch Hoffmann-Riem und Kohl, in Medienwirkung und Medienverantwortung, S. 40 und S. 75, hervor.

[40] BVerfGE 35, S. 221; ebenso OLG Braunschweig, Ufita Bd. 74, S. 346 („Hehler").

[41] S. 226.

[42] So bereits Osterrieth / Marwitz, S. 174; Adler, JW 1924, S. 1740; KG, JW 1928, S. 421 („Harry Domela"); ferner u. a. Neumann-Duesberg, Juristen-Jahrbuch 1966/67, S. 145; Werhahn, S. 28; Bußmann, Gutachten, S. 239; von Gamm, UrhG, Einf. Rdn. 115; Ulmer, Urheberrecht, S. 40; BGH, 10. 5. 1957, JZ 1957, S. 751, 753 („Spätheimkehrer"); BGH, 9. 6. 1965, NJW 1965, S. 2148, 2149 („Spielgefährtin"); OLG Oldenburg, 18. 1. 1963, NJW 1963, S. 920, 922.

[43] Kohler, Kunstwerkrecht, S. 161; Schwerdtner, S. 216, A. Arndt, NJW 196, S. 1846; ferner Arzt, S. 29 ff.

spruchnahme durch Pressepublizität auch bei Vorliegen einer Thematik von öffentlichem Interesse möglich ist, ohne daß die Person den Öffentlichkeitsbezug selbst hergestellt hat; wenn ja, welche weitere Bedeutung dem öffentlichen Interesse zukommt, vor allem, ob es in Relation zu den von einer öffentlichen Darstellung möglicherweise ausgehenden ideellen und materiellen Beeinträchtigungen des Betroffenen zu setzen ist; und letztlich, nach welchen Kriterien sich ein dann erforderlicher Interessenausgleich richtet.

II. Eigener Lösungsversuch

1. Der Interessenwiderstreit

Eine die Anonymität des Betroffenen wahrende Presseberichterstattung ist unter dem Gesichtspunkt eines Persönlichkeitsschutzes vor Pressepublizität unproblematisch. Denn eine anonyme Berichterstattung ist eine Persönlichkeitsrechte nicht verletzende Berichterstattung[1].

Probleme eines Persönlichkeitsschutzes vor Pressepublizität entstehen dann, wenn die Presse bei ihrer Berichterstattung Mittel der Identifizierung, wie z. B. den Namen oder das Bild des Betroffenen, einsetzt. Steht die Berichterstattung nicht im Einklang mit den Interessen des Betroffenen, wird sich dieser auf seine von den Persönlichkeitsrechten geschützten Interessen, die Presse auf ihr Grundrecht aus Art. 5 GG berufen. Dann entsteht ein Interessenwiderstreit zwischen den von den beiden Freiheitsrechten geschützten Interessen. Wie bei jedem Interessenwiderstreit stellt sich auch hier die Frage, ob dem einen oder dem anderen Interesse der Vorzug zu geben ist.

2. Das Rangverhältnis Pressefreiheit und Persönlichkeitsrecht

Ein Vorzug könnte sich bereits aus einem verschiedenen Wertgehalt von Pressefreiheit und Persönlichkeitsrecht ergeben. Wie die Systematik der §§ 22, 23 KUG zeigt, ging der Gesetzgeber von einem Regel-Ausnahmeverhältnis zu Gunsten des Persönlichkeitsrechts am eigenen Bild aus. Diesem Persönlichkeitsrecht wurde ein grundsätzlicher Vorrang vor den Interessen Dritter und damit auch der Presse zugestanden. Es fragt sich, welche Bedeutung dieser Wertentscheidung des Gesetzgebers unter der Geltung des Grundgesetzes zukommt. Eine besonders von Schüle vertretene Auffassung bejaht einen verfassungsrechtlichen Vorrang des Persönlichkeitsrechts gegenüber der Pressefreiheit[2]. Schüle begründet diesen Vorrang vor allem mit der funda-

---
[1] So zutreffend Arzt, S. 120.

mentalen Bedeutung des Art. 1 I GG für die Verfassung, an der das Persönlichkeitsrecht durch seinen Bezug auf die Menschenwürde teilnehme[3]. Weiter folge aus den Schranken des Art. 5 II GG eine Wertentscheidung zu Lasten der Pressefreiheit. Denn das Grundgesetz könne unmöglich eine gewährte Freiheit höher achten als dasjenige Rechtsgut, das es ihr gegenüber als Schranke aufrichte[4]. Gerade umgekehrt schließt Arndt aus dem Verhältnis von Art. 5 I GG zu Art. 5 II GG auf ein Regel-Ausnahme-Verhältnis zu Gunsten der Pressefreiheit[5]. Er gesteht dieser einen verfassungsrechtlichen Vorrang vor dem Persönlichkeitsrecht am eigenen Bild zu.

Orientiert man wie das BVerfG „Lebach" sowohl das Persönlichkeitsrecht als auch die Pressefreiheit an Art. 1 I GG als dem „Mittelpunkt des Wertsystems der Verfassung"[6], ist zumindest fraglich, ob sich nicht bereits wegen des gemeinsamen Bezuges auf die Menschenwürde eine abstrakte verfassungsrechtliche Wertdifferenzierung der beiden Freiheitsrechte verbietet[7]. Vor allem würde jedoch jede abstrakte Wertdifferenzierung von Grundrechten eine Wertordnung der Grundrechte im Sinne einer Wertrangordnung und damit eine Grundrechtssystematik voraussetzen. Eine solche Wertrangordnung der Grundrechte bejaht Schüle unter Berufung auf BVerfG „Lüth"[8]. In der Rechtsprechung des BVerfG findet sich zwar die Charakterisierung des Grundrechtskataloges als „Wertordnung", die zugleich „Wertrangordnung" sein soll[9]. Das BVerfG hat es aber vermieden, bei der Lösung von Konflikten innerhalb der Grundrechte abstrakte Wertdifferenzierungen vorzunehmen und einem der Freiheitsrechte einen abstrakten verfassungsrechtlichen Vorrang zuzusprechen[10]; vermutlich deshalb, weil die Festschreibung von Werten in einer Wertrangordnung, ohne daß man sich dem Vorwurf einer willkürlichen und rational nicht nachvollziehbaren

---

[2] Schüle, Persönlichkeitsschutz und Pressefreiheit, S. 36 ff.; ebenso Weitnauer, NJW 1959, S. 314 Anm. 8; Maass, Information und Geheimnis, S. 64, insbes. Anm. 194.

[3] S. 39/40.

[4] S. 40.

[5] A. Arndt, NJW 1967, S. 1845.

[6] BVerfGE 35, S. 225; vgl. für die Pressefreiheit weiter Hellge, Die privatrechtlichen Schranken der Pressefreiheit, S. 16 f.; Maunz/Dürig/Herzog, Art. 1 Rdn. 33.

[7] So Huber, jedoch unter Bezug der Freiheitsrechte auf Art. 2 I GG, Persönlichkeitsschutz und Pressefreiheit, S. 169 f.

[8] Schüle, S. 39.

[9] Vgl. u. a. BVerfGE 7, S. 198, 215; 20, S. 162, 175; 25, S. 256, 263; 30, S. 173, 188 f.; 39, S. 1, 41 f., 47; kritisch zu dem Topos der „Wertordnung" Goerlich, Wertordnung und Grundgesetz, insbes. S. 136 ff.; Denninger, JZ 1975, S. 545, 546 f.

[10] Vgl. u. a. BVerfGE 7, S. 220; 35, S. 225.

II. Eigener Lösungsversuch

Wertbestimmung aussetzt, wohl nicht durchführbar[11], zumindest jedoch nicht praktikabel ist. Denn die einmal getroffenen Grundsatzwertentscheidungen bedürfen der Korrektur, wenn sich die für den Wertgehalt eines Grundrechts maßgebenden Vorgaben ändern[12]. Zu Recht weist Ossenbühl darauf hin, es sei immer noch einfacher, ein einzelnes Präjudiz zu überwinden, als ein Prinzip oder eine Grundsatzwertung aufzugeben[13]. Mit der überwiegenden Meinung wird daher von einer Gleichrangigkeit der Freiheitsrechte ausgegangen[14]. Ein Regel-Ausnahme-Verhältnis zu Gunsten eines der Freiheitsrechte besteht nicht.

3. Das Interesse der Allgemeinheit als Wertmaßstab

Das Bildinformationsinteresse der Allgemeinheit, auf das sich die Presse bei Wahrnehmung ihrer Tätigkeit beruft, bildet neben den eigenen Interessen der Presse und des Abgebildeten eine dritte Interessenkategorie. In diesem „Dreiecksverhältnis der Interessen" ist auf der Ebene der Spannungslage der Pressefreiheit einerseits und des Persönlichkeitsrechts des Abgebildeten andererseits das Bildinformationsinteresse der Allgemeinheit keines der möglicherweise kollidierenden Interesssen. Es liegt nahe, unter dem Gesichtspunkt einer Interessenquantität demjenigen der kollidierenden Individualinteressen einen Vorrang einzuräumen, dessen Wahrnehmung zumindest auch im Interesse der Allgemeinheit liegt. Hierauf beruht auch der vielzitierte Satz „Gemeinnutz geht vor Eigennutz"[15].

Im folgenden soll daher untersucht werden, welche Bedeutung dem Interesse der Allgemeinheit bei der Lösung von Kollisionen der beiden Freiheitsrechte zukommt. Hierbei wird es u. a. um die in Literatur und Rechtsprechung kontroversen Fragen einer extensiven oder restriktiven Auslegung des Bereichs der Zeitgeschichte und einer möglichen Relevanz der Motive Sensationsinteresse, Neugier, Unterhaltung, geschäftliche Interessen für die Zulässigkeit einer Bildpublizität gehen.

---

[11] So Ossenbühl, in: Der Staat Bd. 10, S. 74, 77 ff.; ferner Goerlich, S. 137 f.; Denninger, S. 546.
[12] So beispielsweise bei der Pressefreiheit infolge des im 2. Kap., II. 2 dargelegten Funktionswandels.
[13] Ossenbühl, NJW 1976, S. 2100, 2107.
[14] Vgl. u. a. Heinitz, Pressefreiheit und Persönlichkeitsrecht, S. 53; Löffler, Ufita Bd. 30, S. 69, 70; Huber, Persönlichkeitsschutz, S. 109 ff.; BVerfGE 35, S. 225 („Lebach"); BGH, NJW 1978, S. 1797, 1798, ferner Scheuner, DÖV 1971, S. 505, 509; von Gamm, NJW 1979, S. 516; Staudinger, § 823 BGB Anm. 203.
[15] Vgl. dazu Hubmann, Grundsätze der Interessenabwägung, S. 108; ferner Rehbinder, Die öffentliche Aufgabe, S. 72/73.

a) Öffentlichkeitsinteressen

Eine negative Bestimmung des Interesses der Allgemeinheit ergibt, daß damit das Interesse einer unbestimmten Anzahl von Personen gemeint ist, wobei die Allgemeinheit auch auf eine lokale Öffentlichkeit beschränkt sein kann[16]. Allgemeinheit ist daher nicht im Sinne von Gesamtheit oder Mehrheit der Bevölkerung eines Landes zu verstehen. Den Gegensatz dazu bildet vielmehr das Individualinteresse einer Person oder mehrerer bestimmter Einzelpersonen[17].

Die Grenze zwischen Individualinteressen und Interessen der Allgemeinheit ist fließend. Abgrenzungsprobleme ergeben sich dann, wenn die Allgemeininteressen faktisch zu bestimmen sind und damit deren Vorliegen vom Nachweis abhängt, ob bei der konkreten Bildberichterstattung tatsächlich ein Interesse einer unbestimmten Anzahl von Personen besteht. Wie noch darzulegen sein wird, ist das Interesse der Allgemeinheit nicht faktisch, sondern normativ zu bestimmen, d. h. es ist zu fragen, ob ein Interesse der Allgemeinheit an der konkreten Bildberichterstattung bestehen sollte.

Eine auf die Thematik einer Berichterstattung bezogene Bestimmung zeigt, daß sich Allgemeininteressen auf die gesamte Palette politischer, gesellschaftlicher, kultureller und anderer Themen[18] und, in Bezug auf die Person, auf sämtliche Lebensbereiche erstrecken können, für die aus der Sicht der Presse ein zu vermutendes tatsächliches Interesse der Allgemeinheit besteht.

Wegen dieses weiten Bereichs von Öffentlichkeitsinteressen kann die Behauptung eines tatsächlich bestehenden Allgemeininteresses unter dem angedeuteten Gesichtspunkt einer Interessenquantität nicht bereits einen Vorrang für die sich auf dieses Öffentlichkeitsinteresse berufende Presse bei einer Interessenkollision bilden. Denn ansonsten würde der Schutz der Persönlichkeitsrechte weitgehend leerlaufen, zu Gunsten von faktischen Informationsinteressen der Allgemeinheit „geopfert". Hierbei würde verkannt, daß dieser Schutz wegen seiner verfassungsrechtlichen Verbürgung auch im Interesse aller liegt und damit zum Gegenstand „öffentlicher Interessen" selber geworden ist[19]. Die im Einzelfall wahrgenommenen Informationsinteressen bedürfen daher im Falle einer Interessenkollision einer Bewertung. Zutreffend weist z. B. das OLG Hamburg, Urteil vom 26. 3. 1970, darauf hin, „die Tatsache,

---

[16] Vgl. von Gamm, UrhG, Rdn. 116; Werhahn, S. 27; ferner bereits Allfeld, KUG, S. 136.

[17] Vgl. Rehbinder, Die öffentliche Aufgabe, S. 42 f.

[18] Vgl. 2. Kap., II. 2; ferner die Aufzählung bei Hoffmann-Riem, JZ 1975, S. 471 und Stammler, S. 221.

[19] Ähnlich Hubmann, Interessenabwägung, S. 108.

II. Eigener Lösungsversuch

daß Unterhaltungsblätter wie ... in hoher Auflage erscheinen, rechtfertigt nicht die Feststellung, daß ein berechtigtes Interesse an der Mitteilung der Scheidung der Ast. besteht"[20].

Der Begriff „Interesse" hilft bei einer normativen Bestimmung des Informationsinteresses nicht weiter, da er — isoliert und abstrakt betrachtet — unbestimmt ist[21]. Erst durch den Bezug auf die Thematik des Informationsinteresses ist dieses wertmäßig bestimmbar durch eine Bewertung des Subjekts und/oder Objekts der Thematik.

b) Sphärentheorie und Personen der Zeitgeschichte

In der zivilrechtlichen Literatur werden, ausgehend von der Dialektik des „Für-sich-Seins" und des Gemeinschaftsbezuges menschlichen Lebens[22], zur näheren Bestimmung und Differenzierung des Persönlichkeitsschutzes gegen Indiskretion bei im einzelnen unterschiedlicher Terminologie verschiedene Sphären menschlichen Daseins unterschieden, nämlich: Öffentlichkeitssphäre, Sozialsphäre, Privatsphäre und Intimsphäre[23]. Öffentlichkeitssphäre und Sozialsphäre können dabei als gemeinschaftsbezogene Sphären, Privatsphäre und Intimsphäre als Sphären des „Für-sich-Seins" bezeichnet werden.

Der Gedanke der Sphärentheorie ist der, daß sich einerseits menschliches Leben in jeder dieser Sphären entfaltet bzw. entfalten kann, andererseits aus der Sicht des Diskretionsschutzes jeder konkrete Lebenssachverhalt einer dieser Sphären zugeordnet werden kann. Das Eigenleben des Menschen dürfe nun, wenn man es angemessen schützen wolle, im Grundsatz „nicht aus dem Kreis, in dem es sich abgespielt hat, herausgezerrt und in einen ganz anderen gebracht werden"[24]. Henkel bezeichnet ein Verhalten, das diese Sphären nicht voneinander scheidet und das darin einen Mangel an Zurückhaltung und Rücksichtnahme, teilweise auch an Verschwiegenheit erkennen lasse, als Indiskretion[25].

---

[20] OLG Hamburg, in Schulze OLGZ 116, S. 6.
[21] Zu den vielfältigen Versuchen einer Bestimmung des Begriffs „Interesse", vgl. die Hinweise bei Hubmann, Interessenabwägung, S. 95; Rehbinder, Die öffentliche Aufgabe, S. 22 f.; Lenckner, Der rechtfertigende Notstand, 1965, S. 124 f.
[22] Vgl. Hubmann, JZ 1957, S. 251, 524; Scholler, Person und Öffentlichkeit, S. 83.
[23] Zur Sphärentheorie, vgl. u. a. Hubmann, JZ 1957, S. 524; Bußmann, Gutachten, S. 60 f.; Rehbinder, Die öffentliche Aufgabe, S. 85 f.; Wenzel, Berichterstattung, S. 65 ff.; eine weitergehende Differenzierung bei Maass, S. 22: Öffentlichkeitssphäre, Sozialsphäre, Privatsphäre, Vertrauenssphäre, Intimsphäre; vgl. auch Scholler, S. 89, der einteilt in: Gemeinbereich, Privatöffentlichkeit, Eigenbezirk, Geheimsphäre, Intimbezirk; vgl. auch Arzt, S. 102 f., mit weiteren Literaturhinweisen Anm. 265 und aus Sicht des strafrechtlichen Diskretionsschutzes des Privatlebens gegen Indiskretion, S. 80 ff. und Gerhard Schmidt, ZStW 79, S. 741, 770 f.
[24] Hubmann, JZ 1957, S. 524.

Als Sozialsphäre kann man die Sphäre menschlichen Daseins beschreiben, die den Bereich des sozialen Kontakts einer Person nach außen, wie etwa im Berufsleben, in der Freizeit, auf der Straße, bei öffentlichen Veranstaltungen, umfaßt. Eine Abgrenzung von einer räumlich-gegenständlich bestimmten Privatsphäre als dem Bereich räumlicher Abgeschlossenheit[26] zeigt, daß die Sozialsphäre als Sphäre des „Offenseins" im Sinne von Allgemeinzugänglichkeit, m. a. W. als Sphäre der Wahrnehmbarkeit durch Öffentlichkeit gekennzeichnet werden kann. Soweit sich das Leben einer Person in dieser Öffentlichkeit abspielt, kann es nach Hubmann nicht vor dieser Öffentlichkeit bewahrt werden, müsse aber gegen sonstige Beeinträchtigungen gesichert sein[27]. Pressepublizität schafft nun eine gegenüber der Öffentlichkeit der Sozialsphäre vor allem erweiterte Öffentlichkeit. Als Indiskretion im Sinne der Sphärentheorie ist demnach ein Verhalten zu beurteilen, das einen Lebenssachverhalt aus der Sozialsphäre in die publizistische Öffentlichkeit überträgt. Der Sozialsphäre kommt also die Bedeutung zu, deutlich zu machen, daß allein die Tatsache von Öffentlichkeit nicht bereits den Schutz vor Indiskretion durch Publizität entfallen läßt[28]. Eine Interessenabwägung soll hier über die Zulässigkeit einer Pressepublizität entscheiden[29]. Andererseits kann im Sinne dieser Sphärentheorie keine Indiskretion die Darstellung von etwas bereits realiter der Sphäre einer durch Pressepublizität erweiterten Öffentlichkeit Zurechenbarem sein. Eine Interessenkollision kann insoweit nicht bestehen und das Interesse der Allgemeinheit braucht nicht als Wertmaßstab bei der Entscheidung über die Frage der Zulässigkeit einer Pressepublizität herangezogen werden[30]. Dieser Bereich kann als Öffentlichkeitssphäre bezeichnet werden. Diese Öffentlichkeitssphäre bildet demnach eine immanente Schranke des Persönlichkeitsschutzes vor Indiskretion. Hubmann spricht in diesem Zusammenhang von der Begrenzung des Persönlichkeitsschutzes vor Indiskretion durch „die Natur des geschützten Rechtsgutes und des menschlichen Zusammenlebens"[31].

---

[25] Henkel, D 83; vgl. auch G. Schmidt, der als Indiskretion die Offenlegung einer bis dahin verschwiegenen oder geheimen Tatsache bezeichnet, S. 22; ferner Helle, Schutz der Persönlichkeit, S. 176, wo Indiskretion mit Veröffentlichung von Geheimnissen gleichgesetzt wird.
[26] Vgl. dazu vor allem Henkel, D 82 und G. Schmidt, S. 772; ferner 4. Kap., I.
[27] Hubmann, JZ 1957, S. 524.
[28] Ebenso Rehbinder, Die öffentliche Aufgabe, S. 44 und 86.
[29] Vgl. Hubmann, JZ 1957, S. 526.
[30] Im Ergebnis ebenso Hubmann, S. 523.
[31] Hubmann, S. 524; ähnlich Wenzel, Berichterstattung, S. 53, der das Prinzip der Sozialgebundenheit zur tatbestandsmäßigen Beschränkung der Persönlichkeitsrechte anwenden will; eine Parallele besteht hier zu der Lehre Nipperdeys von der Sozialadäquanz, vgl. u. a. in Ufita Bd. 30, S. 1, 8; ders. in NJW 1967, S. 1985.

II. Eigener Lösungsversuch

Oben wurde dargelegt, daß eine wertmäßige Bestimmung des Interesses der Allgemeinheit einmal durch den Bezug auf das Subjekt der Thematik einer Berichterstattung ermöglicht wird. Eine Einteilung der Bezugssubjekte in Personenkategorien zeigt folgendes:

Es gibt Personen, die mit einem Teilbereich ihres Lebens im Rampenlicht einer von ihnen selbst hergestellten, über die Sozialsphäre hinausgehenden Öffentlichkeit stehen, deren äußeres Erscheinungsbild und dieser Teilbereich ihres Lebens der Öffentlichkeit bekannt ist. Hierbei kann man in Personen unterscheiden, die öffentlich-staatsbezogene Aufgaben wahrnehmen, wie Amtsträger, Politiker und Personen, die in der Öffentlichkeit auftreten oder an sie appellieren, ohne jedoch öffentlich-staatsbezogene Aufgaben wahrzunehmen, wie u. a. Schauspieler, Sportler, Wissenschaftler. Die erste Personengruppe kann als „Personen des öffentlichen Lebens", die zweite als „bewußt öffentlich-private Personen" bezeichnet werden[32]. Diese beiden Personengruppen sind nicht identisch mit den „absoluten Personen der Zeitgeschichte" im Sinne der Terminologie Neumann-Duesbergs. So nimmt Neumann-Duesberg z. B. bei dem angeblichen Kennedy-Mörder Oswald die Eigenschaft als „absolute Person der Zeitgeschichte" an[33], während dieser nach der hier vorgenommenen Einteilung weder den „Personen des öffentlichen Lebens" noch den „bewußt öffentlich-privaten Personen" zuzuordnen ist, während Neumann-Duesberg Bundesliga-Fußballspieler „in ihrer Mehrzahl" als „relative Personen der Zeitgeschichte" bezeichnet[34], die hier unter die Personengruppe der „bewußt öffentlich-privaten Personen" fallen würden.

Diesen beiden Personengruppen stehen die „Privatpersonen" gegenüber, deren sozialer Kontakt sich auf die Sozialsphäre beschränkt. Bei den „Privatpersonen" kann wiederum in Personen unterschieden werden, die öffentlich-staatsbezogene Aufgaben wahrnehmen und solchen, die lediglich einen allgemeinen gesellschaftlichen Bezug aufweisen.

Eine Übertragung der Grundsätze der Sphärentheorie auf das Persönlichkeitsrecht am eigenen Bild zeigt, daß die Auffassungen Kohlers und Arndts nicht haltbar sind, die in der Bildpublizität keine Verletzung der Interessen des Abgebildeten sehen, da die Öffentlichkeit nur das erfahre, was ohnehin und jederzeit zugänglich sei, nämlich das

---

[32] Ähnlich Huber, Persönlichkeitsschutz und Pressefreiheit, S. 74 ff., der jedoch lediglich die zweite Personengruppe als Persönlichkeiten der Zeitgeschichte bezeichnet; vgl. ferner die Einteilung der Personengruppen bei Osterrieth / Marwitz, die im wesentlichen mit der hier vorgenommenen übereinstimmt, S. 173.
[33] Neumann-Duesberg, Juristen-Jahrbuch, 1966/67, S. 151.
[34] Neumann-Duesberg, Anm. zu BGH, 20. 2. 1968 („Bundesligafußballspieler") BGHZ Schulze 150, S. 13.

äußere Erscheinungsbild einer Person[35]. Bei beiden Autoren wird die Sozialsphäre zu Unrecht mit der Öffentlichkeitssphäre gleichgesetzt[36].

Weiter ist der „Bereich der Zeitgeschichte", wie ihn der Gesetzgeber verstanden wissen wollte und wie er im Anschluß an Allfeld von der überwiegenden Rechtsprechung ausgelegt wurde, im Grunde identisch mit der oben beschriebenen Öffentlichkeitssphäre. Deutlich wird dies besonders bei Osterrieth / Marwitz, die bei der Personengruppe der „bewußt öffentlich-privaten Personen" ausdrücklich fordern, daß diese Personen der Öffentlichkeit bereits ohne die Bildpublizität bekannt sein müßten[37].

Das Problem, ob und unter welchen Voraussetzungen das Interesse der Allgemeinheit als Wertmaßstab bei der Abwägung der Pressefreiheit und des Persönlichkeitsrechts heranzuziehen ist, würde sich damit nur bei den sog. „Privatpersonen" stellen. Denn das äußere Erscheinungsbild der „Personen des öffentlichen Lebens" und der „bewußt öffentlich-privaten Personen" ist nach dem oben Gesagten bereits realiter der Öffentlichkeitssphäre zurechenbar. Insoweit bedarf es bei diesen Personen für die Zuordnung zum „Bereich der Zeitgeschichte" keiner Interessenanalyse[38]. Ist aber hier das Interesse der Allgemeinheit als Abwägungsmaßstab unerheblich, kann es nicht darauf ankommen, ob diesen bereits der Öffentlichkeitssphäre zurechenbaren Personen bei einer ex post-Betrachtung eine historische Dimension zukommt[39]. Die Sphärentheorie zeigt ferner, daß die Auffassungen Keyßners und Gareis, auch bei diesen Personen müsse die Bildpublizität generell von deren Einwilligung abhängen, nicht haltbar ist[40]. Soweit diese Personen bereits der Öffentlichkeitssphäre zuzurechnen sind, können sie keinen Schutz vor Bildpublizität beanspruchen, da die Verletzung eines Diskretionsinteresses insoweit nicht feststellbar ist[41].

Andererseits ist die Gliederung der Sphärentheorie in differenzierte Schutzbereiche der Persönlichkeit nicht auf den Kreis der sog. „Privatpersonen" beschränkt. Auch bei den übrigen Personengruppen sind Ereignisse, Handlungen und Äußerungen jeweils einer der oben genannten Sphären zuzuordnen. Eine andere Auffassung wäre bereits mit dem allgemeinen Gleichheitsgrundsatz des Art. 3 I GG unverein-

---

[35] Vgl. 1. Kap., I. und 3. Kap., I. 2 Anm. 30.
[36] Ganz deutlich bei Kohler, der von der Dialektik „öffentlich oder intim" ausgeht und eine weitere Differenzierung des Persönlichkeitsrechtsschutzes im Bereich des Öffentlichen nicht anerkennt, vgl. 1. Kap., I.
[37] Osterrieth / Marwitz, S. 173.
[38] Insoweit zutreffend Schwerdtner. S. 126.
[39] Anders u. a. Schiffer, vgl. 3. Kap., I. 2.
[40] Vgl. 3. Kap., I. 2.
[41] So bereits Rietschel, S. 176; ferner Hubmann, JZ 1957, S. 525.

bar⁴². Denn es besteht kein sachlicher Grund für eine unterschiedliche Behandlung der drei Personengruppen. Der Gesetzgeber hat, der Auffassung Kohlers folgend⁴³, den Schutz der Privatsphäre über § 23 II KUG auch für die der Zeitgeschichte zuzuordnenden Personen anerkannt. In den Motiven zu § 23 II KUG wird ausgeführt, „hierdurch soll namentlich verhütet werden, daß die Vorgänge des persönlichen, häuslichen und Familienlebens an die Öffentlichkeit gezogen werden..."⁴⁴. Damit stellt sich bei den „Personen des öffentlichen Lebens" und den „bewußt öffentlich-privaten Personen" über den Bereich hinaus, der bereits realiter der Öffentlichkeitssphäre zuzuordnen ist, ebenfalls das Problem des Interesses der Allgemeinheit als Wertmaßstab.

c) Die normative Bestimmung der Öffentlichkeitssphäre

Die bisherige Erörterung des Diskretionsschutzes vor Pressepublizität beschränkte sich auf die Darstellung der Schutzbereichzonen der Sphärentheorie. Es ging vor allem um die Feststellung der Trennungslinie des Diskretionsschutzes vor Pressepublizität im Bereich faktischer Öffentlichkeit. Im folgenden soll das Problem einer normativen Bestimmung der Öffentlichkeitssphäre untersucht werden. Dem Begriff „öffentlich" kommt hier die Bedeutung von durch Pressepublizität herzustellender Öffentlichkeit zu; den Gegensatz dazu bildet der Begriff des „Privaten" im Sinne dessen, was nicht jedermann angeht und daher nicht von öffentlichem Interesse ist⁴⁵.

Dieses Gegensatzpaar „öffentlich" oder „privat" bildet einen Schwerpunkt in der Kontroverse um die Auslegung des Bereichs der Zeitgeschichte.

Nach den Auffassungen Allfelds und Schwerdtners setzt der Bereich der Zeitgeschichte einen von der Person selbst hergestellten Öffentlichkeitsbezug voraus. Die Entscheidung „öffentlich" oder „privat" unterliegt ausschließlich dem Willen der Person. Der Schutzsphäre vor Publizität wird all das zugeordnet, was eine Person „für sich behalten will" und nicht zur Kenntnisnahme der Öffentlichkeit bestimmt hat, also privat sein soll, ohne daß diese Sphäre durch Interessen anderer relativiert wird. Das in § 22 KUG normierte Selbstbestimmungsrecht wird in § 23 I, Ziff. 1 KUG lediglich dahin modifiziert, daß durch die selbst herbeigeführte Öffentlichkeit und in dieser eine Bildpublizität in den Grenzen des § 23 II KUG ohne jeweilige Einwilligung zulässig

---

⁴² Im Ergebnis ebenso Arndt, NJW 1967, S. 1846.
⁴³ Vgl. 3. Kap., I. 2.
⁴⁴ Motive zu § 23 II KUG, mitgeteilt bei Osterrieth / Marwitz, S. 177/178.
⁴⁵ Vgl. zu dieser Bedeutung des Begriffs „öffentlich", Martens, Öffentlich als Rechtsbegriff, S. 22, 50; P. Schneider, Gutachten, S. 49.

ist. Konsequenz dieser Auslegung der §§ 22, 23 I, Ziff. 1 KUG ist, daß der Private im Verhältnis zu anderen Privaten bzw. der Gemeinschaft seinen Anspruch auf seinen Privatbereich nur dann und nur soweit verliert, als er quasi auf ihn verzichtet hat.

Die Problematik der Auslegung des „Bereichs der Zeitgeschichte" ist entgegen Schwerdtner nicht isoliert von § 23 I, Ziff. 1 KUG her zu sehen, sondern von einer möglichen Interessenkonfliktlage der sich auf ihre Freiheitsrechte berufenden Privaten. Hier ist zu fragen, ob die in Betracht kommenden Freiheitsrechte durch Gegenrechte anderer begrenzt sind, und erst dann stellt sich die Frage, welchen der mit den Freiheitsrechten geschützten Interessen im Konfliktsfalle der Vorrang einzuräumen ist. Wie die Pressefreiheit dem Schrankenvorbehalt der allgemeinen Gesetze gem. Art. 5 II GG und damit der §§ 22 ff. KUG unterliegt, wird das Persönlichkeitsrecht am eigenen Bild seinerseits nach Art. 2 I GG durch die Rechte anderer und damit auch durch das Grundrecht der Pressefreiheit begrenzt[46]. Die Pressefreiheit umfaßt nach Art. 5 I GG auch die Bildinformationsfreiheit. Zutreffend weist Arndt darauf hin, Art. 5 GG verbürge für die Freiheit der Meinung und der Nachricht die volle Gleichheit von Wort, Schrift und Bild[47]. Daraus folgt, daß die Presse bei Ausübung ihrer Tätigkeit im Grundsatz in der Wahl der Informationsmittel frei ist. Diese Wahlfreiheit, die nichts anderes als ein Selbstbestimmungsrecht der Presse bezüglich der Informationsmittel besagt, begrenzt damit das Persönlichkeitsrecht am eigenen Bild. Diese gegenseitige Verschrankung der Grundrechte wird von Schwerdtner verkannt. Nach seiner Auslegung des Bereichs der Zeitgeschichte wird im Grunde der Presse die Wahl des Informationsmittels wegen der Abhängigkeit der Wahrnehmung der Bildinformation von einer subjektiven Entscheidung der betroffenen Person genommen und dem Persönlichkeitsrecht von vornherein der Vorrang vor der Bildinformationsfreiheit zugestanden. Entgegen Schwerdtner ist daher die Öffentlichkeitssphäre normativ zu bestimmen.

Damit stellt sich das Problem, wie sich die Zuordnung zur Öffentlichkeitssphäre bestimmen läßt, wo also trotz entgegenstehenden Willens der Person der Presse die Möglichkeit einer personalen Inanspruchnahme durch identifizierende Berichterstattung zusteht. Nach Rehbinder soll die Öffentlichkeitssphäre derjenige Bereich der Persönlichkeitswirkung sein, dessen tatsächliche Öffentlichkeit oder Publizität durch ein berechtigtes Informationsinteresse der Allgemeinheit gerechtfertigt ist[48]. Ähnlich versteht Schneider unter „öffentlich" das,

---
[46] Vgl. Schüle, Persönlichkeitsrecht und Pressefreiheit, S. 15; ferner OLG Hamburg, 5. 2. 1976, AfP 1976, S. 137, 138 („Banklady").
[47] A. Arndt, NJW 1967, S. 1845.
[48] Vgl. Rehbinder, Die öffentliche Aufgabe, S. 86 und S. 43/44.

II. Eigener Lösungsversuch

was alle angeht und damit von öffentlichem Interesse ist, im Gegensatz zum „Privaten und Privatnützigen"[49]. Die Schwierigkeit liegt hier in der Bestimmung dessen, was von öffentlichem Interesse ist.

Aufschlußreich könnte hier § 182 E 1962 sein[50]. Nach dieser Bestimmung sollen Tatsachen aus dem Privat- und Familienleben einer Person, an deren Inhalt kein öffentliches Interesse besteht, vor Indiskretion strafrechtlich geschützt werden[51]. Entscheidend für den Indiskretionsschutz ist die Bestimmung des öffentlichen Interesses, die in der Begründung zum E 1962 negativ vorgenommen wird. Dem Privatleben einer Person wird das zugerechnet, was in „keiner Beziehung zur Stellung und zum Wirken des Betroffenen in der Gemeinschaft" stehe, was „insbesondere nicht seine Rechte und Pflichten in der Gemeinschaft" betreffe[52]. Anknüpfungspunkt der Abgrenzung des „Öffentlichen" vom „Privaten" ist damit die Beziehung einer Person zur Außenwelt, ein Handeln oder Verhalten, das einen „Sozialbezug" aufweist.

Im Ansatz ähnlich wird vom BVerfG die Trennlinie zwischen Außen- und Innenbereich einer Person unter Verwendung der Formel von der Gemeinschaftsbezogenheit und Gemeinschaftsgebundenheit gezogen[53]. Das BVerfG führt in der Lebach-Entscheidung aus, „wenn der Einzelne als ein in der Gemeinschaft lebender Bürger in Kommunikation mit anderen tritt, durch sein Sein oder Verhalten auf andere einwirkt und dadurch die persönliche Sphäre von Mitmenschen oder Belange des Gemeinschaftslebens berührt, können sich Einschränkungen seines ausschließlichen Selbstbestimmungsrechts über seinen Privatbereich ergeben, soweit dieser nicht zum unantastbaren innersten Lebensbereich gehört"[54]. Letzterer Bereich soll diejenige Sphäre menschlichen Eigenlebens erfassen, die von „Natur aus Geheimnischarakter" hat[55].

Es kann dahinstehen, ob dieser Versuch einer materiellen Bestimmung der Intimsphäre als absolute Schranke personaler Inanspruchnahme tauglich ist[56]. Entscheidend ist, daß die Herstellung von Öffent-

---

[49] Vgl. P. Schneider, Gutachten, S. 49.
[50] Entwurf eines Strafgesetzbuches 1962, Bundestagsvorlage, BT-Drucksache IV/650, V/32.
[51] § 182 E 1962 bestimmt: „Wer ohne verständigen Grund öffentlich in einer Veranstaltung oder durch Verbreiten von Schriften eine ehrenrührige Behauptung tatsächlicher Art über das Privat- und Familienleben eines anderen, an deren Inhalt kein öffentliches Interesse besteht, aufstellt oder an Dritte gelangen läßt ..."
[52] Begründung E 1962, S. 239; vgl. hierzu G. Schmidt, ZStW 79, S. 779; ferner die Kritik bei Maass, S. 83.
[53] St. Rspr., vgl. u. a. BVerfGE 27, S. 1, 6 f.; 27, S. 344, 351; 32, S. 373, 379; 34, S. 238, 245 f.; 35, S. 220; ebenso Wenzel, Berichterstattung, S. 52.
[54] BVerfGE 5, S. 220.
[55] BVerfGE 27, S. 1, 6.

lichkeit durch Publizität nicht auf den Bereich staatlicher Aufgabenerfüllung beschränkt ist. In diesem Bereich ist Publizität im weitesten Umfange aus Gründen des demokratischen Prinzips der „Mitwirkung aller" im Sinne von Gestaltung, Kontrolle durch Kritik u. a. erforderlich[57]. Dies ist ein Grund dafür, weshalb „Personen des öffentlichen Lebens" der Öffentlichkeitssphäre zugeordnet werden können.

Wie im zweiten Kapitel gezeigt wurde, löst das Gericht in der Lebach-Entscheidung das Öffentlichkeitsprinzip in seiner unmittelbar am Demokratie- und Rechtsstaatsprinzip orientierten Bedeutung[58]. Das Gericht geht zutreffend davon aus, auch dem außerstaatlichen-gesellschaftlichen Bereich komme ein Öffentlichkeitswert zu. Denn auch in diesem Bereich wirkt durch Publizität hergestellte Öffentlichkeit als Grundlage einer Urteils- und Meinungsbildung weiter Kreise und allgemein als Teilhabe am Zeitgeschehen. Bereits Martens hat darauf hingewiesen, eine Beschränkung des Begriffs „öffentliche Meinung" auf den Bereich des Politischen sei nicht gerechtfertigt. Vielmehr müßten alle Angelegenheiten von überindividuellem Interesse als taugliche Objekte öffentlicher Meinungsbildung anerkannt werden[59]. Der Gesetzgeber selber hat diesen Öffentlichkeitswert des nichtpolitischen, gesellschaftlichen Bereichs anerkannt, wenn in den Motiven zu § 23 I, Ziff. 1 KUG ausgeführt wird, der Bereich der Zeitgeschichte sei im weitesten Umfange zu verstehen, er umfasse nicht nur das eigentlich politische, sondern auch das soziale, wirtschaftliche und Kulturleben des Volkes[60]. Ein solcher Öffentlichkeitswert kann in Übereinstimmung mit dem BVerfG dann gegeben sein, wenn eine Person durch ihr Verhalten „Belange des Gemeinschaftslebens" berührt, wenn es sich demnach um eine Angelegenheit handelt, die die Allgemeinheit „nahe angeht", weil sie von Bedeutung für das Gemeinschaftsleben ist[61]. Werden öffentliche Belange tangiert, stellt sich doch die Frage, was eine Person von vornherein zu Anonymität gegenüber der Gemeinschaft legitimiert. Allein der Hinweis auf das Selbstbestimmungsrecht der Person reicht hierzu nicht aus, da das Persönlichkeitsrecht eine Begrenzung durch Rechte anderer erfährt. Die Beantwortung dieser Frage bleibt Schwerdtner schuldig.

---

[56] Ablehnend Krauß, Der Schutz der Intimsphäre im Strafprozeß, in Festschrift für Heinitz, S. 365, 380, da es „von Natur aus" keine Geheimnisse gebe; zur Bestimmung der Intimsphäre ferner Maass, S. 23, S. 27 ff. mit Literaturhinweisen.
[57] Vgl. 4. Kap., IV. 1 und P. Schneider, Gutachten, S. 56; Martens, S. 164.
[58] Vgl. 2. Kap., II. 2.
[59] Martens, S. 63.
[60] Motive, mitgeteilt bei Osterrieth / Marwitz, S. 172.
[61] Vgl. zur Bedeutung des „nahe Angehens" bei Wahrnehmung fremder Interessen gem. § 193 StGB Rehbinder, Die öffentliche Aufgabe, S. 30 ff. mit Literaturhinweisen.

II. Eigener Lösungsversuch

Umgekehrt bedarf es bei öffentlichen Belangen keiner Legitimation der Presse zur Interessenwahrnehmung, insbesondere nicht eines Rückgriffs auf die Formel von der „öffentlichen Aufgabe" der Presse[62]. Mit dieser wertmäßigen Bestimmung des Informationsinteresses der Allgemeinheit durch Orientierung an dem Öffentlichkeitswert der tangierten öffentlichen Belange ist damit eine Basis zur Bestimmung des öffentlichen Interesses gefunden.

d) Motive und öffentliche Interessen

aa) Die Qualität des Interesses der Allgemeinheit

Die h. M. in Rechtsprechung und Literatur verwendet bei der Auslegung des Bereichs der Zeitgeschichte zumeist die Formel, das Interesse der Allgemeinheit müsse ein durch echtes Informationsbedürfnis gerechtfertigtes Interesse an der bildlichen Darstellung der betreffenden Person sein, nicht ein nur oder vorwiegend auf Neugier, Sensationslust oder Unterhaltung beruhendes[63]. Liege letzteres bei der Allgemeinheit vor, sei der Betroffene keine Person der Zeitgeschichte[64].

Kritisch gegen diese Formel hat sich vor allem Arzt gewandt[65]. Denn Schwierigkeiten würden sich bereits daraus ergeben, daß Sensationslust selten „rein" auftrete und die „bloße" Neugier von der auch-Neugier (ganz zu schweigen von der hämischen Neugier) nur schwer abzugrenzen sein werde. Auch ließen die Begründungsversuche in Literatur und Rechtsprechung erkennen, „daß hinter der Fassade der ganz herrschenden Meinung die Probleme noch offen" seien. Diese Kritik von Arzt geht dann fehl, falls die Formel nur besagen soll, daß Sensationsinteresse, Neugier und Unterhaltung als Motivationen der Rezipienten nicht bereits die Zulässigkeit einer Bildpublizität begründen können. In diesem Sinne wird die Formel z. B. vom OLG Frankfurt „Verbrecherbraut" verwandt. Das Gericht prüft, ob der Betroffene der Zeitgeschichte zuzuordnen sei und verneint dies mit der Begründung, „Sensationslust und Neugierde allein könne in diesen Fällen ... niemals die Veröffentlichung eines Bildes ohne Einwilligung des Betroffenen rechtfertigen"[66]. Die Feststellung, ob eine Person der Zeitgeschichte zuzurechnen sei, wird unabhängig von der Motivation der

---

[62] So zutreffend Wenzel, Berichterstattung, S. 158; A. Arndt, NJW 1967, S. 184; anders OLG Stuttgart, JZ 1960, S. 127 („Brutaler Übereifer").
[63] Vgl. die im 3. Kap., I. 2 Anm. 42 zitierte Rspr. und Lit.; weiter die Hinweise bei Arzt, S. 35, Anm. 93 und S. 38, Anm. 101.
[64] Neumann-Duesberg, Juristen-Jahrbuch 1966/67, S. 145.
[65] Arzt, S. 36; ferner Runge, Anm. LG München, 27. 9. 1955, Schulze LGZ 49, S. 9 ff.
[66] 9. 1. 1958, Ufita Bd. 25, S. 460, 462.

Rezipienten getroffen. Dem Hinweis auf Sensationsinteresse und Neugier kommt nur die Funktion zu darzulegen, daß die faktischen Interessen der Allgemeinheit nicht bereits berechtigte und damit gegenüber den Interessen des Betroffenen vorrangige Interessen sind. In diesem Sinne verwandt besagt die Formel der Rechtsprechung und Literatur an sich Selbstverständliches.

Berechtigt ist die Kritik von Arzt dann, wenn dem Sensationsinteresse, der Neugier und der Unterhaltung unmittelbar rechtliche Relevanz im Sinne einer restriktiven Auslegung des Bereichs der Zeitgeschichte zukommen soll. Da eine Motivforschung bei den Rezipienten aus faktischen Gründen ausscheidet, müßten objektivierbare Maßstäbe gefunden werden, um der Qualität des Interesses der Allgemeinheit überhaupt rechtliche Bedeutung zusprechen zu können. Diesen Weg ist das KG „Domela" gegangen. Von der Thematik der Berichterstattung wird auf das Unterhaltungs- und Sensationsbedürfnis der Allgemeinheit geschlossen und damit die Unzulässigkeit der Bildpublizität bejaht[67]. Diese Argumentation läuft im Ergebnis darauf hinaus, unter Berufung auf die Motivationen der Allgemeinheit bestimmte Themen von einer identifizierenden Berichterstattung auszuklammern, wobei der Hinweis auf das Unterhaltungs- und Sensationsbedürfnis die Richtigkeit des gewünschten Ergebnisses bestätigen soll. Diese Auffassung ist nicht haltbar. Es gibt Themen, wie beispielsweise das der Kriminalitätsberichterstattung, bei denen „Sensationsinteressen", „Neugier" oder „Unterhaltung" mitbestimmende Faktoren zur Aufnahme der Information darstellen. Besteht aber wegen der Thematik der Berichterstattung ein öffentliches Interesse in dem oben dargelegten Sinne, kann nicht mehr entscheidend sein, ob bei den einzelnen Rezipienten das Sensationsinteresse „ausschließlich", „überwiegend" oder „auch" eine Rolle spielt[68].

bb) Die Qualität der verfolgten Interessen

Die Ausführungen zum verfassungrechtlichen Schutzbereich der Pressefreiheit haben gezeigt, daß dieser formal auszulegen und unabhängig von den jeweils verfolgten Interessen oder der Qualität der Berichterstattung ist. Abzulehnen war daher der Versuch, mit Hilfe einer „öffentlichen Aufgabe" der Presse der sog. „Sensations"- und „Geschäfts"presse von vornherein den Schutz des Art. 5 I, Satz 2 GG zu entziehen.

Auf der Ebene eines Interessenwiderstreits zwischen den von der Pressefreiheit und dem Persönlichkeitsrecht geschützten Interessen

---

[67] JW 1928, S. 421.
[68] Ähnlich auch BVerfGE 35, S. 231 („Lebach") und Schwerdtner, S. 216.

II. Eigener Lösungsversuch

könnte diese Problematik eine andere Beurteilung erfahren. Hier kann man zu Recht die Frage stellen, ob denn die Verfolgung kommerzieller Interessen der Presse mit einer bestimmten Berichterstattung es rechtfertigt, in das Persönlichkeitsrecht des Betroffenen einzugreifen; ob denn ein schutzwürdiges Interesse der Allgemeinheit auch dann besteht, wenn es dem jeweiligen Presseorgan auf Sensationsmache u. a. ankommt, die letztlich wiederum aus Gründen des besseren Absatzes des Presseproduktes Information erfolgt. Dabei kann es nicht um die Verurteilung des kommerziellen Motivs überhaupt gehen. Denn dies würde die Freiheit jeglicher identifizierender Berichterstattung leerlaufen lassen, da nach den Feststellungen im 2. Kapitel die Presseunternehmen kommerziell betrieben werden. Vielmehr geht es um Steuerungsmöglichkeiten der sog. „Geschäfts"- und „Illustrierten"-presse bereits bei der Frage des „Ob" einer identifizierenden Berichterstattung. Folgende Steuerungsmöglichkeiten sind hierbei denkbar:

(1) Bedeutung könnte einer Unterscheidung danach zukommen, von wem das öffentliche Interesse wahrgenommen wird, und zwar dann, wenn man die Frage nach der Legitimation zur Wahrnehmung eines berechtigten Informationsinteresses der Allgemeinheit stellt. Ansätze, mit Hilfe der Legitimation eine Schlechterstellung der sog. „Geschäfts"- oder „Illustrierten"presse zu erreichen, finden sich bei OLG Stuttgart „Brutaler Übereifer". Das Gericht meint, entscheidend komme es vor allem auf den Gesamtinhalt der Reportage an, „wogegen die Tatsache, daß diese sich in einer Illustrierten findet ... im allgemeinen nur von untergeordneter Bedeutung" sein werde[69]. Dahinter steht die Behauptung, die „Illustrierten"presse diene vornehmlich der Unterhaltung und Reklame[70]. Da das Gericht die Erweiterung des Bereichs der Zeitgeschichte mit der „öffentlichen Aufgabe" der Presse begründet, ist der Weg nicht weit zu behaupten, die „Illustrierten"presse nehme eine „öffentliche Aufgabe" überhaupt nicht oder beim konkreten Thema der Bildberichterstattung nur weniger gut wahr. Die Problematik der immanenten Grundrechtschranke der „öffentlichen Aufageb" würde damit auf die Ebene der Interessenabwägung verlagert. Einen anderen Weg ist der BGH „Wie uns die anderen sehen" gegangen. Eine restriktive Auslegung des Bereichs der Zeitgeschichte wird u. a. damit begründet, bei Zulässigkeit der Bildpublizität im Fernsehen müßten dieselben Befugnisse auch der gesamten Presse und sogar interessierten Bürgern zugestanden werden[71]. Bei dem Gedanken an die Presse

---

[69] OLG Stuttgart, JZ 1960, S. 130.
[70] OLG Stuttgart, S. 130.
[71] BGH, NJW 1966, S. 2353, 2355; dagegen verneint beispielsweise OLG Stuttgart („Brutaler Übereifer") die Legitimation von Privatpersonen, JZ 1960, S. 130.

scheint der BGH offensichtlich die „Geschäfts"- und „Illustrierten"-presse gemeint zu haben[72].

Denkbar ist auch eine Übertragung der von der Rechtsprechung zur Wirtschaftsreklame entwickelten Grundsätze. Hier wird als Schutz der Interessen des Abgebildeten anerkannt, mit bestimmten Waren nicht in Verbindung gebracht zu werden[73]. In diesem Sinne vertrat schon das RG „Zeppelin" die Auffassung, es entspräche nicht dem Geschmack eines jeden, sein Bildnis auf den Waren eines beliebigen Händlers prangen zu sehen[74]. Eine Parallele zur Wirtschaftsreklame würde sich bei der Bildberichterstattung deswegen anbieten, weil die Presse anerkanntermaßen nicht nur im Anzeigenteil für fremde Waren, sondern auch im redaktionellen Teil Werbung für ihr eigenes Produkt betreibt. So meint das OLG Köln „Killer-Müller", der Unterschied zwischen Werbung für irgendeine Ware im Reklameteil und der Werbung für einen Beitrag und die Zeitung selbst im redaktionellen Teil sei kein wesensmäßiger, sondern höchstens ein gradueller[75]. Zieht man die Parallele zur Wirtschaftsreklame, käme man zu dem Ergebnis, dem Abgebildeten ein Recht darüber zuzugestehen, in welcher Zeitung eine Bildberichterstattung stattfindet und damit zu einer möglichen Schlechterstellung der „Geschäfts"- und „Sensations"presse.

Gegen eine Schlechterstellung der „Geschäfts"- und „Illustrierten"-presse auf der Ebene der Interessenabwägung spricht, daß dieser dann versagt wird, was der „seriösen" Presse zugestanden wird. Darauf weist zutreffend OLG Nürnberg, „Notar", hin[76]. Dem Gericht kann auch darin gefolgt werden, „viele Leser, die ernst und kritisch geschriebene Darstellungen gar nicht lesen würden, erhalten eben dann doch Nachrichten, die sie sonst nicht erhielten"[77]. Denn ein den Maximen einer „seriösen" Presse gerecht werdender Journalismus würde einen Großteil der Rezipienten nicht erreichen, wäre auf eine Minderheit, ein anspruchsvolles Leserpublikum, zugeschnitten. Wenn Erdsiek in seiner Urteilskritik meint, die Wahrnehmung eines berechtigten öffentlichen Interesses sei der Presse nur innerhalb ihrer „öffentlichen Aufgabe" zuzugestehen, zu der bloße Unterhaltung, Befriedigung von Sen-

---

[72] So Neumann-Duesberg, Anm. zu BGH („Wie uns die anderen sehen"), Schulze BGHZ 137, S. 20.

[73] Vgl. u. a. RGZ 74, S. 309- 311, 313 („Zeppelin"); RGZ 125, S. 80, 83 („Tull Harder"), BGHZ 20, S. 345, 350 („Paul Dahlke"); ebenso Möhring, JW 1929, S. 3078, 3079; Neumann-Duesberg, GRUR 1954, S. 48.

[74] S. 313; einschränkend RG („Tull Harder"), wo nicht auf das Affektionsinteresse des Abgebildeten, sondern auf die Anschauungen billig und gerecht Denkender abgestellt wird, S. 83; ebenso Bußmann, JR 1955, S. 204.

[75] OLG Köln, 25. 11. 1966, Ufita Bd. 49, S. 331, 337.

[76] OLG Nürnberg, 29. 1. 1963, MDR 1963, S. 412, 413.

[77] S. 412.

II. Eigener Lösungsversuch

sationslust und Neugierde nicht gehöre[78], geht er offensichtlich von einem Gegensatz von Information, die Inhalt der „öffentlichen Aufgabe" der Presse ist, zu Neugier, Befriedigung von Sensationslust und Unterhaltung aus. Zutreffend weist Arzt darauf hin, auch der neugierige etc. Betrachter wolle Information durch das Bild; der Gegensatz könne nur im Grunde liegen, aus dem man informiert werden will[79]. Auch die sog. „Geschäfts"- und „Illustrierten"presse informiert. „Wird aber informiert, so steht dem Recht zur Bildveröffentlichung nicht entgegen, daß sie in einem Skandalblatt erfolgt[80]." Aus diesem Grunde steht dem Betroffenen auch nicht das Recht zu, darüber zu bestimmen, in welchem Presseorgan die Publikation erfolgt, wenn auch möglicherweise eine zusätzliche Minderung seines persönlichen Ansehens gerade auch darin liegen kann, daß eine bestimmte Tatsache über ihn in einem „Skandalblatt" erfolgt[81].

(2) Stellt man auf die konkrete Bildberichterstattung ab, könnte eine Unterscheidung dahin relevant werden, ob die Motivation zu der Berichterstattung in der Verfolgung ausschließlicher oder überwiegender Geschäfts- und Werbeinteressen des Presseorgans liegt.

Rechtsprechung und Literatur nehmen derartige Differenzierungen für Fälle der Wirtschaftsreklame, bei denen das Bild einer bekannten Persönlichkeit zur Reklame für ein Produkt eingesetzt wird, zum Schutze kommerzieller Interessen des Abgebildeten vor. So hat der BGH „Paul Dahlke" § 23 I, Ziff. 1 KUG dahingehend eingeschränkt, von dieser Vorschrift würden Veröffentlichungsarten nicht erfaßt, an denen ein schutzwürdiges Interesse der Allgemeinheit nicht anzuerkennen sei, weil sie in Wahrheit allein den Geschäftsinteressen der mit der fraglichen Abbildung Kundenwerbung treibenden Firmen dienten[82].

Ähnlich meint Neumann-Duesberg, man müsse bei § 23 I, Ziff. 1 KUG zwischen Informationsbedürfnis und Informationszweck unterscheiden[83]. Eine Bildpublizität sei nur dann zulässig, wenn dadurch in erster Linie ein Informationszweck verwirklicht werden solle.

Es liegt nahe, diese Gedanken auf die Bildberichterstattung zum Schutze ideeller, vermögensrechtlicher oder sonstiger Interessen des Abgebildeten zu übertragen, wenn man sich vor Augen hält, daß die

---

[78] Erdsiek, Anm. zu OLG Nürnberg („Notar"), NJW 1963, S. 1392.
[79] Arzt, S. 42.
[80] Neumann-Deusberg, Anm. zu OLG Nürnberg („Notar"); Schulze OLGZ 59, S. 9.
[81] Vgl. BGH, Schulze BGHZ 114 („Soraya-Exklusiv-Interview").
[82] BGHZ 20, S. 345, 350; ferner BGH, 17. 11. 1960, Ufita Bd. 34, S. 86; von Gamm, UrhG, Einf. Rnd. 119 mit weiteren Hinweisen; Werhahn, S. 30.
[83] Neumann-Duesberg, Juristen-Jahrbuch 1966/67, S. 149; ders. Anm. BGH, 20. 2. 1968, Schulze BGHZ 150, S. 13 ff. („Bundesligafußballspieler").

Presse gerade auch im redaktionellen Teil Reklame für ihr eigenes Produkt betreibt[84]. Damit würde sich die Möglichkeit bieten, der Presse wegen der Verfolgung ausschließlicher oder überwiegender kommerzieller Interessen die Berufung auf ein öffentliches Informationsinteresse zu versagen. Konstruktiv ist hierbei der Auffassung Neumann-Duesbergs der Vorzug zu geben. Der BGH „Paul Dahlke" schließt vom kommerziellen Interesse des Verbreiters auf das Fehlen eines öffentlichen Informationsinteresses. Diese Folgerung ist nicht haltbar. Denn die Frage, ob ein öffentliches Interesse vorliegt, beurteilt sich an dem Öffentlichkeitswert der konkreten Thematik[85], m. a. W., liegt eine Thematik von öffentlichem Interesse vor, so kann das daran bestehende öffentliche Informationsinteresse nicht entfallen, nur weil der Verbreiter mit der Berichterstattung ein behauptetes vorwiegend kommerzielles Interesse verfolgt.

Die Auffassung Neumann-Duesbergs lehnt sich offensichtlich an das Institut der Wahrnehmung berechtigter Interessen gem. § 193 StGB an. Aus dem Wortlaut dieser Norm wird gefolgert, daß die Äußerung „zur" Wahrnehmung und nicht nur „in" Wahrnehmung berechtigter Interessen gemacht werden muß[86]. Dies erfordert, daß der Zweck der Äußerung — wenn auch nicht alleiniger, so doch primärer — die Interessenwahrnehmung gewesen sein muß[87]. Wie die Wahrnehmung berechtigter Interessen verlangt die Unterscheidung Neumann-Duesbergs eine Erforschung der Motive des Verbreiters zur Feststellung, ob es diesem ausschließlich oder überwiegend oder auch nur um kommerzielle Interessen ging. Will man bei der Bildberichterstattung das Überwiegen des kommerzieller Motivs nicht bloß behaupten, lassen sich Feststellungen nur durch eine Bewertung der konkreten Bildberichterstattung treffen, wie beispielsweise durch eine Bewertung des Inhalts oder der Form des Berichtes. Solche Bewertungen finden sich in der Rechtsprechung, so bei KG „Bordell-Spion", wo aus der Feststellung, die Berichterstattung habe den Kläger schon in sensationeller und reißerischer Weise als schuldigen Bordellspion bezeichnet, auf eine lediglich zur Befriedigung des Sensationsbedürfnisses dienende Darstellung geschlossen wird[88] oder bei OLG Köln „Killer-Müller", das Größe und farbliche Darstellung von Bild und Name im Bericht bewertet und hieraus eine sensationelle Aufmachung folgert, die der Verfolgung kommerzieller Interessen diene[89]. Dieses Verfahren ist im Gegensatz zu den Fällen der

---

[84] Vgl. 3. Kap., II 3 d bb.
[85] Vgl. 3. Kap., III 3 c.
[86] Vgl. Rehbinder, Die öffentliche Aufgabe, S. 30; Eser, Wahrnehmung berechtigter Interessen als allgemeiner Rechtfertigungsgrund, S. 25 f.
[87] Vgl. Rehbinder, S. 30.
[88] KG, NJW 1968, S. 1969, 1970.
[89] OLG Köln, Ufita Bd. 49, S. 338.

Wirtschaftsreklame, wo das kommerzielle Motiv ohne weiteres bestimmbar ist, bei der Bildberichterstattung mit erheblichen Unsicherheiten belastet. Es eröffnet leicht rational nicht mehr ohne weiteres zugänglichen Wertungen die Tür, man denke insbesondere an Bewertungen der Form der Darstellung, wie Größe des Druckes oder Mehrfarbendruck[90]. Vor allem geht es hier nicht mehr um das Problem des öffentlichen Interesses an Information, sondern um die Art und Weise der Information. Die Frage der Zulässigkeit einer identifizierenden Berichterstattung überhaupt würde sich auf die im Grunde nachrangige Frage der Art und Weise einer Berichterstatung verlagern. Es bestünde die Gefahr, über Wertvorstellungen einer „seriösen" Berichterstattung das Problem einer identifizierenden Berichterstattung zu lösen und es würde damit die Möglichkeit eröffnet, der Frage nach dem oftmals nur sehr schwer feststellbaren vorrangigen öffentlichen Interesse an Information auszuweichen[91]. Wertvorstellungen einer „seriösen" Berichterstattung gewinnen damit den Vorrang vor dem öffentlichen Interesse an Information. So wünschenswert auch eine Steuerung der „Geschäfts"- und „Sensations"presse ist, über die von Rechtsprechung und Literatur zur Wirtschaftsreklame entwickelten Formeln läßt sich diese Steuerung nicht erreichen.

e) Die Bedeutung des öffentlichen Interesses

Die vorausgegangene Darstellung des Persönlichkeitsschutzes vor Pressepublizität hat gezeigt, daß der „Bereich der Zeitgeschichte" nicht auf „Personen des öffentlichen Lebens" und „bewußt öffentlich-private Personen" beschränkt ist. Wegen der gegenseitigen Verschrankung der Grundrechte der Pressefreiheit und des Persönlichkeitsrechts am eigenen Bild kann eine personale Inanspruchnahme auch dann in Betracht kommen, wenn der Betroffene den Öffentlichkeitsbezug nicht selbst hergestellt hat. Der historisch auf die oben erwähnten Personengruppen beschränkte „Bereich der Zeitgeschichte" wird damit mit Hilfe des öffentlichen Interesses erweitert, dessen Basis durch eine Orientierung an dem Öffentlichkeitswert der von dem Betroffenen tangierten öffentlichen Belange bestimmt wird.

Es hat sich ferner gezeigt, daß bei Vorliegen eines öffentlichen Interesses jede weitere Differenzierung nach den bei einer Presseberichterstattung möglicherweise in Betracht kommenden Motiven, wie Sensationsinteresse, geschäftliche Interessen u. a., ausgeschlossen ist. Dem

---

[90] Vgl. auch Dünnwald, Ufita Bd. 49, S. 129, 143, der „Riesenlettern auf dem Titelblatt einer Boulevardzeitung" als Verstoß gegen die Menschenwürde qualifizieren will; zu Recht ablehnend Arzt, S. 198.
[91] Ähnlich Arzt zum Verhältnis von „verständigem Grund" und „öffentliches Interesse" bei § 182 StGB E 62, S. 198 f.

Betroffenen ist damit bei einem Widerstreit der von der Pressefreiheit einerseits und dem Persönlichkeitsrecht andererseits geschützten Interesse der Einwand versagt, die Berichterstattung habe beispielsweise nur der Verfolgung von Sensationsinteressen gedient.

Hat eine Person durch ihr Verhalten „Belange des Gemeinschaftslebens" berührt, denen ein Öffentlichkeitswert zukommt, liegt mithin ein öffentliches Interesse an Publizität vor, stellt sich die weitere Frage, ob der Betroffene um des öffentlichen Interesses willen eine etwaige Gefährdung oder Beeinträchtigung seiner geschützten Interessen in Kauf nehmen muß, oder anders gefragt: Sind berechtigte Interessen der Person am Unterbleiben der Publizität nur solche, die nicht bereits durch die öffentliche Darstellung der tangierten öffentlichen Belange gefährdet oder beeinträchtigt werden[92]. Der das öffentliche Interesse bestimmende Öffentlichkeitswert der tangierten öffentlichen Belange wäre damit der allein maßgebende Wertfaktor, der über das „ob" einer Publizität überhaupt entscheiden würde, m. a. W., das öffentliche Interesse wäre damit zugleich immer ein berechtigtes, als die Interessen des Betroffenen überwiegendes Interesse. Dies ist deshalb nicht richtig, weil es kein Interesse gibt, dessen Wahrnehmung eine absolut rechtfertigende Wirkung hat[93]. Es muß vielmehr ein öffentliches Interesse von der Art bestehen, daß das Interesse des Betroffenen am Schutz vor Verbreitung zurückzutreten hat. Dies setzt voraus, daß das wahrgenommene öffentliche Interesse in Relation zu den dadurch berührten Interessen des Betroffenen zu setzen ist. Erst dann kann festgestellt werden, ob wegen Überwiegens des öffentlichen Interesses eine durch Bildpublizität identifizierende Berichterstattung überhaupt in Betracht kommt. Dem Bereich der Zeitgeschichte ist demnach zuzuordnen, was entweder bereits realiter der Sphäre von Publizität angehört oder in diese wegen eines überwiegenden öffentlichen Interesses gebracht werden kann. Die weitere Bedeutung des öffentlichen Interesses ist hier auf eine Vermutung für die Zulässigkeit des Eingriffs in das Persönlichkeitsrecht beschränkt.

4. Einzelne sachverhalts- und personenbezogene Bewertungskriterien[94]

a) Der Sachzusammenhang

Rechtsprechung und Literatur beschränken zutreffend die Zulässigkeit einer identifizierenden Berichterstattung bei den sog. Privatperso-

---

[92] So ein Teil der Rspr. und Lit., vgl. 3. Kap., I 2.
[93] So zutreffend Wenzel, Berichterstattung, S. 146.
[94] Vgl. dazu allgemein Hubmann, Grundsätze der Interessenabwägung, AcP 155, S. 103 ff.

II. Eigener Lösungsversuch

nen sachlich auf ein Ereignis von öffentlichem Interesse und zeitlich auf die Aktualität, die dem Ereignis zukommt. Dagegen soll nach überwiegender Meinung bei den übrigen Personengruppen ein berechtigtes Informationsinteresse an allem bestehen, was nicht zu ihrem Privat- und Familienleben gehört, sondern ihre Teilnahme am öffentlichen Leben ausmacht[95]. Wie die Darstellung der Sphärentheorie gezeigt hat, besteht der entscheidende Unterschied der drei Personengruppen darin, daß „Personen des öffentlichen Lebens" und „bewußt öffentlich-private Personen" bereits mit einem Teilbereich ihres Lebens der Öffentlichkeitssphäre und damit dem Bereich von Publizität angehören. Eine Beschränkung des Begriffs „Teilnahme am öffentlichen Leben" auf diesen Teilbereich wäre vom Diskretionsschutz her unproblematisch.

In diesem Sinne wird „Teilnahme am öffentlichen Leben" nicht verstanden. Vor allem Rehbinder ordnet diesem Bereich alles zu, was nicht der Intimsphäre einer Person angehört[96]. Nach seiner Auffassung haben „absolute Personen der Zeitgeschichte" kaum noch ein Privatleben[97]. Der im Grunde mit der Trennung „Teilnahme am öffentlichen Leben" und „Privatleben" bezweckte Schutz des Privat- und Familienlebens wird praktisch aufgegeben. Bei diesen Personen wird ein legitimes umfassendes Informationsinteresse an allen Geschehnissen, Lebensbeziehungen und Lebensvorgängen, die nicht der Intimsphäre zugeordnet werden können, bejaht, ohne daß das Informationsinteresse in Relation zu den durch seine Wahrnehmung möglicherweise tangierten Interessen des Betroffenen zu setzen ist. Die damit gegebene Ungleichbehandlung gegenüber den sog. „Privatpersonen" zeigt sich gerade auch bei der Kriminalitätsberichterstattung. Dies wird im vierten Kapitel näher dargelegt.

Diese Auffassung ist abzulehnen. Die Gliederung der Sphärentheorie in differenzierte Schutzbereichszonen der Persönlichkeit ist auch auf „Personen des öffentlichen Lebens" und „bewußt öffentlich-private Personen" anzuwenden[98]. Hieraus folgt, daß eine unterschiedliche Behandlung dieser Personen im Gegensatz zu den „Privatpersonen" sachlich nur insoweit gerechtfertigt ist, als die Thematik der Berichterstattung in einem unmittelbaren Zusammenhang mit dem die Zuordnung zur Öffentlichkeitssphäre begründenden Geschehnis steht. Besteht dieser unmittelbare sachliche Zusammenhang nicht, ist im Falle eines Interessenwiderstreits wie bei den sog. „Privatpersonen" festzustellen, welchen der kollidierenden Interessen der Vorrang zuzugestehen ist[99].

---

[95] Vgl. 3. Kap., I 2.
[96] Rehbinder, Die öffentliche Aufgabe, S. 93.
[97] Ähnlich Neumann-Duesberg, Juristen-Jahrbuch 1966/67, S. 151 und Anm. zu OLG Stuttgart, 7. 12. 1966, Schulze OLGZ 76, S. 19.
[98] Vgl. 3. Kap., II 3 c.

Der Sachzusammenhang fordert nicht einen unmittelbaren zeitlichen und räumlichen Zusammenhang der Bilddarstellung mit dem den Gegenstand des öffentlichen Interesses bildenden Ereignis[100]. Eine solche Auffassung würde in vielen Fällen, gerade auch bei Straftaten, eine Bildberichterstattung unmöglich machen und ist mit Art. 5 GG nicht vereinbar. Entscheidend ist allein, daß eine sachliche Verbindung der durch Bild dargestellten Person zu dem Ereignis von öffentlichem Interesse besteht und die Bilddarstellung in diesem Zusammenhang erfolgt[101]. Damit ist auch die Veröffentlichung von Bildern zulässig, die in einem anderen Zusammenhang oder zeitlich früher oder später aufgenommen wurden. Eine Begrenzung ergibt sich daraus, daß die Bildwiedergabe nicht „informationsfremde" Vorgänge aus dem Leben des Betroffenen enthalten darf[102], außer an diesen bestünde ebenfalls ein die Privatinteressen des Betroffenen überwiegendes öffentliches Interesse.

b) Das Kriterium „bereits bekannt"

aa) Als Schranke einer Presseberichterstattung?

In Literatur und Rechtsprechung findet sich teilweise die Auffassung, eine Bildpublizität sei nur über Personen zulässig, die bereits ohne die Bildveröffentlichung der Öffentlichkeit bekannt sind[103]. Die Zulässigkeit einer Bildpublizität wird auf Personen beschränkt, die sich bereits in der sog. Öffentlichkeitssphäre befinden und damit im Grundsatz auf den Kreis der „Personen des öffentlichen Lebens" und der „bewußt öffentlich-privaten Personen". Diese Einschränkung wurde bereits oben abgelehnt[104]. Zumindest mißverständlich sind daher die Ausführungen des BGH, „Wie uns die anderen sehen", wenn darauf hingewiesen wird, der Kläger sei bislang in der Öffentlichkeit nicht

---

[99] Im Ergebnis ebenso Hubmann, JZ 1957, S. 520; OLG München, 6. 12. 1962, in Ufita Bd. 41, S. 322, 323 („Kanzlerkandidat").

[100] a. A. Eb. Schmidt, vgl. 3. Kap., I 2; ferner BGH, 16. 9. 1966, NJW 1966, S. 2353, 2355 („Wie uns die Anderen sehen") „wäre eine aus dem Archiv entnommene Aufnahme vorgeführt worden, die ein Stück des damaligen Prozesses so zeigt, ..." und Werhahn, S. 42.

[101] Zu Fällen fehlender sachlicher Verbindung, vgl. BGH, 5. 1. 1962, NJW 1962, S. 1004 ff. („Doppelmörder"); OLG Köln, 25. 11. 1966, Ufita Bd. 49, S. 331 ff. („Killer-Müller").

[102] z. B. Hochzeitsbild des Tatverdächtigen.

[103] So u. a. KG, 26. 7. 1924, JW 1924, S. 1780 („Herausgeber einer Zeitschrift") OLG Nürnberg, 5. 3. 1956, Schulze OLGZ 22, S. 12; OLG Hamburg, 7. 3. 1968, Schulze OLGZ 87, S. 6; Voigtländer-Elster-Kleine, Urheberrecht, S. 32; ablehnend u. a. KG, JW 1925, S. 378 („Mann der Wirtschaft"); OLG München, 15. 11. 1962, NJW 1963, S. 659 („Lebensmittelskandal"); Neumann-Duesberg, Juristen-Jahrbuch, S. 145; Runge in Schulze OLGZ 22, S. 21 f.; vgl. ferner Arzt, S. 46 f.

[104] Vgl. 3. Kap., II 3 c.

bekannt gewesen, vielmehr sei das Interesse der Öffentlichkeit erst durch die Fernsehsendung auf ihn gefallen[105]. Unerheblich ist weiter, ob der Gegenstand der Berichterstattung selber bereits der Öffentlichkeit bekannt ist[106]. Eine andere Auffassung würde dazu führen, daß dasjenige Presseorgan, das zuerst über ein bisher in der Öffentlichkeit nicht bekanntes Geschehen berichtet, sich trotz Vorliegens eines öffentlichen Interesses niemals auf § 23 I, Ziff. 1 KUG berufen könnte.

bb) Der Diskretionsschutz in Fällen ungenehmigter oder genehmigter Vorveröffentlichung

(a) Schutz gegen wiederholte ungenehmigte Veröffentlichung?

Werden in einer Zweitveröffentlichung bestimmte Tatsachen über eine Person berichtet, die bereits durch eine ohne Einwilligung des Betroffenen erfolgte Erstveröffentlichung bekannt geworden sind, fragt sich, welche Konsequenz sich hieraus für die Zulässigkeit einer Zweitveröffentlichung oder weiterer Veröffentlichungen ergibt. Ist der Presse bei weiteren Veröffentlichungen die Berufung darauf möglich, Person und Tatsache befänden sich bereits auf Grund der Vorveröffentlichung im Bereich publizierter Öffentlichkeit, so daß ein Diskretionsschutz des Betroffenen trotz fehlender Einwilligung für die weiteren Veröffentlichungen nicht mehr bestehen könne? Bejaht man dies, ist unerheblich, ob Gegenstand der Berichterstattung eine Thematik von vorrangigem öffentlichem Interesse ist. Die Rechtslage ist hier noch ungeklärt. So hat der BGH „Nitribitt" u. a. dem Umstand Bedeutung zugemessen, daß die Affäre Nitribitt schon vor der Aufführung des streitbefangenen Filmes mit allen Einzelheiten so eingehend in der Presse erörtert worden ist, daß jeder, der hierfür Interesse hatte, auch über den Ort der Handlung unterrichtet war[107]. Der BGH geht offensichtlich davon aus, durch diese bereits offenkundige Tatsache könne ein Diskretionsinteresse des Betroffenen nicht mehr verletzt werden. Lampe bejaht die Zulässigkeit einer Namenspublizität u. a. dann, wenn sich die Öffentlichkeit des Namens des Täters „ohnehin bemächtigt" habe[108]. Für den strafrechtlichen Diskretionsschutz vertreten Henkel und G. Schmidt die Auffassung, eine allgemein bekannte und jedermann zugängliche Tatsache könne nicht unter Diskretionsschutz stehen[109]. Dagegen hat es das OLG Frankfurt „Ver-

---
[105] BGH, NJW 1966, S. 2355.
[106] Ebenso Neumann-Duesberg, JZ 1971, S. 306; ferner Arzt, S. 46/47.
[107] BGH, 21. 6. 1960, LM § 823 (Ah) BGB, Nr. 9.
[108] Lampe, NJW 1973, S. 217, 219; vgl. ferner OLG Hamm, 5. 2. 1976, mitgeteilt in AfP, Rspr.-Übersicht, 1976, S. 32; Erdsiek, AfP 1973, S. 414.
[109] Henkel, Gutachten, D 82; G. Schmidt, ZSTW Bd. 79, S. 771 f., der offensichtlich jedoch nur einen strafrechtlichen Diskretionsschutz ablehnen will.

brecherbraut" in einem Fall des Bildnisschutzes abgelehnt, wegen der bereits erfolgten Vorveröffentlichung die Zulässigkeit der Zweitveröffentlichung zu folgern, da die bloße Veröffentlichung eines Bildes in keinem Fall die Zugehörigkeit einer Person zur Zeitgeschichte begründe[110]. Arzt will in diesen Fällen ungenehmigter Vorveröffentlichung Rechtsschutz gewähren, da die Veröffentlichung bereits bekannter Tatsachen für den Betroffenen eine erneute Bloßstellung sein könne[111].

Arzt ist darin zuzustimmen, daß die weitere Veröffentlichung bereits bekannter Tatsachen eine erneute wiederholte Bloßstellung des Betroffenen mit sich bringen kann. Gerade beim Tatverdächtigen wird gleichsam der „Finger auf eine offene Wunde" gelegt. Dies wird auch vom BGH „Nitribitt" nicht in Abrede gestellt[112]. Eine auf Grund der ungenehmigten Vorveröffentlichung geschaffene Gefährdung oder Verletzung ideeller, materieller oder sonstiger Interessen des Betroffenen wird durch die Zweitveröffentlichung zumindest aufrecht erhalten, wenn nicht verstärkt. Damit besteht ein Schutzbedürfnis des Betroffenen auch für die weiteren Veröffentlichungen. Der Schutz vor weiteren Veröffentlichungen kann daher dem Betroffenen nicht bereits unter Berufung auf die Vorveröffentlichung abgeschnitten werden[113]. Diesem Ergebnis steht auch nicht das zur Sphärentheorie Gesagte entgegen. Dort wurde die Publizität von etwas realiter der Öffentlichkeitssphäre Zurechenbarem nicht als Indiskretion im Sinne dieser Theorie beurteilt. Realiter ist der Öffentlichkeitssphäre jedoch nur der Bereich der selbst gewählten Öffentlichkeit zurechenbar[114]. Gerade deshalb konnte bei den „Personen des öffentlichen Lebens" und den „bewußt öffentlich-privaten Personen" beispielsweise das äußere Erscheinungsbild der Öffentlichkeitssphäre zugeordnet werden. Diese Personen haben für einen Teilbereich ihres Lebens den Öffentlichkeitsbezug selbst hergestellt, so daß insoweit ein Diskretionsinteresse nicht tangiert wird.

---

[110] OLG Frankfurt, 9. 1. 1958, Ufita Bd. 25, S. 460, 463.
[111] Arzt, S. 290.
[112] BGH, LM § 823 (Ah) BGB, Nr. 9.
[113] Vgl. auch OLG Stuttgart, JZ 1960, S. 127 („Brutaler Übereifer") für die Bildpublizität bei vorheriger Namenspublizität. Da das OLG in der Bildpublizität einen gegenüber der Namenspublizität schwereren Eingriff sieht, S. 129, bleibt offen, ob das OLG zu demselben Ergebnis auch bei vorheriger Bildpublizität kommt.
[114] Zu Unrecht nimmt daher Erdsiek an, bereits durch eine vorherige Bild- und Namenspublizität in der Presse könne jemand relative Person der Zeitgeschichte werden, AfP 1973, S. 414.

II. Eigener Lösungsversuch

(b) Kein Schutz bei genehmigter Vorveröffentlichung?

Im Gegensatz zu dem Fall der ungenehmigten Vorveröffentlichung nimmt hier die Person etwaige nachteilige Folgen der genehmigten Vorveröffentlichung in Kauf. Sie hat sich zumeist ihre Einwilligung von einem bestimmten Presseorgan abkaufen lassen und diesem ein Exklusivveröffentlichungsrecht eingeräumt[115]. Es fragt sich, ob der Person wegen der genehmigten Vorveröffentlichung noch ein Diskretionsschutz vor weiterer Veröffentlichung der bereits bekannten Tatsachen zustehen kann. Diese Problematik spielt einmal bei Publikationen eine Rolle, für die eine Thematik von öffentlichem Interesse nicht besteht, als auch bei solchen von öffentlichem Interesse, dieses aber die Interessen des Betroffenen nicht überwiegt, so daß bei fehlender Einwilligung die identifizierende Berichterstattung unzulässig wäre[116]. Der Betroffene wird sich darauf berufen, er habe wegen seines Selbstbestimmungsrechts und der dadurch eingeräumten Möglichkeit der Beschränkbarkeit der Einwilligung[117] den Schutz vor weiteren Veröffentlichungen nicht verloren[118]. Dagegen wird die Presse geltend machen, der Betroffene befinde sich auf Grund der genehmigten Vorveröffentlichung in der Öffentlichkeitssphäre, so daß für die hierdurch bereits bekannt gemachten Tatsachen ein Diskretionsschutz nicht mehr bestehe.

Die Lösung wird sich hier an dem zur Sphärentheorie Gesagten zu orientieren haben. Der Schutzsphäre vor Publizität ist das zuzuordnen, was eine Person „für sich behalten" will und damit nicht zur Kenntnisnahme der Öffentlichkeit bestimmt hat. Hat die Person jedoch eine bestimmte Tatsache, wenn auch nur einem bestimmten Presseorgan, zur Veröffentlichung freigegeben und damit den Öffentlichkeitsbezug selbst hergestellt, kann sie sich nicht mehr auf die Verletzung eines Diskretionsinteresses berufen. Insoweit besteht eine Parallele zu den „bewußt öffentlich-privaten Personen". Dem Betroffenen ist damit der Einwand, durch die Zweitveröffentlichung werde in schützenswerte Interessen eingegriffen, insoweit abgeschnitten, als diese bereits durch die genehmigte Vorveröffentlichung tangiert wurden[119].

---
[115] Eine bei aufsehenerregenden Straftaten oftmals zu beobachtende Erscheinung.
[116] Vgl. 3. Kap., II 3 e.
[117] Vgl. dazu Arzt, S. 187 f.
[118] Vgl. OLG Frankfurt („Verbrecherbraut"), das den Bildnisschutz auch für die Zweitveröffentlichung bejaht, da die Person keineswegs jedem Dritten gegenüber auf den Schutz des § 22 KUG verzichtet habe, S. 463.
[119] Im Ergebnis ebenso Arzt für den strafrechtlichen Diskretionsschutz. Diesen lehnt er ab, weil es bei Einverständnis der Person mit einer Vorveröffentlichung an einer Bloßstellung fehle, verletzt werde nur das wirtschaftliche Interesse der Person an Exklusivvereinbarungen, S. 189 f. und S. 289.

c) Quantität und Sachwidrigkeit öffentlicher Interessen

Es ist denkbar, daß mehrere Gründe für eine öffentliche Darstellung der Beziehung einer Person zu einem bestimmten Ereignis ins Feld geführt werden können, sich folglich das Interesse der Allgemeinheit an identifizierender Berichterstattung auf verschiedene damit verfolgte Interessen stützt. Die Wahrnehmung verschiedener Interessen a + b + c ... kann dann unter dem Aspekt einer Interessenquantität ein Vorzugsprinzip für die öffentliche Darstellung der Beziehung einer Person zu einem bestimmten Ereignis begründen[120]. Bei Prüfung dieses Vorzugsprinzips ist andererseits zu berücksichtigen, daß diejenigen Interessen auszuscheiden sind, die nach dem konkreten Sachverhalt von der Presse nicht wahrgenommen werden[121] oder deren Wahrnehmung nicht durch den konkreten Sachverhalt gedeckt oder der Presse aus rechtlichen Gründen generell oder im Zeitpunkt der Publizität untersagt ist[122].

d) Bewertung nach der Qualität und Quantität geschützter Interessen

Davon ausgehend, daß „nicht alle Güter und Werte den gleichen Achtungsanspruch mit sich führen"[123], stellt sich das Problem, ob einer abstrakten Wertung nach der Qualität der möglicherweise gefährdeten oder verletzten Interessen des Betroffenen für den Bereich des Diskretionsschutzes Bedeutung zukommt. So könnte man beispielsweise die Frage stellen, ob die persönliche Ehre nicht wertvoller als die Geschäftsehre[124] oder der Schutz ideeller Interessen nicht höher als derjenige materieller Interessen zu bewerten ist. Solche Wertdifferenzierungen setzen eine Wertrangordnung der geschützten Interessen im Bereich des Diskretionsschutzes voraus. Selbst wenn sich eine Wert-

---

Arzt geht es offensichtlich darum, sog. Exklusivveröffentlichungsrechte nicht über das Strafrecht abzusichern; für das Zivilrecht stellt sich die hier nicht zu erörternde Frage des Schutzes von Exklusivverträgen, vgl. dazu Schmidt-Osten, AfP 1973, S. 416.

[120] Vgl. dazu Hubmann, Interessenabwägung, S. 107 ff.; Rehbinder, die öffentliche Aufgabe, S. 72 f.

[121] Vgl. OLG Braunschweig („Hehler"), S. 348, wo deshalb der Zweck, zur Verbrechensaufklärung beizutragen, bei der Interessenabwägung unberücksichtigt bleibt.

[122] Vgl. allgemein zur Sachwidrigkeit von Interessen, Hubmann, Interessenabwägung, S. 103 ff.

[123] Hubmann, Interessenabwägung, S. 101.

[124] Hiervon zu unterscheiden ist die Frage, ob der Persönlichkeitsschutz der gewerblichen Betätigung nicht so weitreichend ist wie der des privaten Bereichs. Dies nehmen z. B. BGH, 24. 10. 1961, („Waffenhandel"), LM § 823 (Ah) BGB Nr. 13, OLG Braunschweig („Hehler") S. 347 mit der Erwägung an, die gewerbliche Betätigung vollziehe sich im allgemeinen (bereits) begrenzt öffentlich; vgl. dazu näher 4. Kap., III 3.

rangordnung behaupten ließe[125], wäre damit für die Bestimmung der Qualität der geschützten Interessen wenig gewonnen. Eine Wertentscheidung auf Grund des Ranges der geschützten Interessen in einer abstrakten Wertrangordnung könnte lediglich eine vorläufige sein. Der Diskretionsschutz ist Individualrechtsschutz. Wie sich eine Publizität auf die Interessen des Betroffenen auswirkt, hängt vor allem von dessen individuellen Verhältnissen ab. Der Wert der geschützten Interessen hat sich an den individuellen Verhältnissen des Betroffenen auszurichten. Bei dieser individualistischen Wertbestimmung haben rein subjektive Wertvorstellungen des Betroffenen außer Betracht zu bleiben[126]. Gerade bei der Publizität persönlichkeitsmindernder Tatsachen, wie der Publizität eines Tatverdachts, bestünde ansonsten die Gefahr einer Überbewertung der eigenen Interessen durch den Betroffenen. Maßgebend muß vielmehr sein, welcher Wert den Interessen bei objektiver Betrachtung unter Zugrundelegung der individuellen Verhältnisse im Einzelfall tatsächlich zukommen kann.

Wie auch bei den öffentlichen Interessen kann hier ebenfalls eine Interessenquantität von Bedeutung sein. Bei Prüfung dieses Gesichtspunktes sind nicht nur die unmittelbar, sondern auch die mittelbar von einer Publizität berührten Interessen des Betroffenen zu berücksichtigen. So kann der Tatverdächtige ein besonderes Interesse am Unterbleiben einer Publizität gerade im Hinblick auf eine mögliche Gefährdung seiner wirtschaftlichen Existenz oder seiner persönlichen Sicherheit haben, weil ihm solche mittelbar von der Publizität ausgehenden Wirkungen vielfach weitaus härter treffen als beispielsweise eine Gefährdung seines „guten" Rufs.

5. Der Grundsatz der Verhältnismäßigkeit

Staatliche Eingriffe in die Persönlichkeitsrechte des Betroffenen unterliegen dem vor allem aus dem Rechtsstaatsprinzip abgeleiteten Grundsatz der Verhältnismäßigkeit[127]. Damit stellen sich drei Fragen: erstens, ob ein Eingriff überhaupt erforderlich ist; zweitens, ob gerade der vorgenommene Eingriff erforderlich ist, was dann zu verneinen ist, wenn mit einem geringer belastenden Mittel derselbe oder ein besserer Erfolg verwirklicht werden kann; drittens, ob das erforderliche

---

[125] Die §§ 22, 23 KUG geben hierfür keine Anhaltspunkte; ob und inwieweit sich eine Wertrangordnung mittels Wertentscheidungen anderer gesetzlicher Bestimmungen, z.B. aus dem StGB oder BGB, aufstellen läßt, ist fraglich; vgl. dazu für § 193 StGB Wenzel, Berichterstattung, S. 148 f.
[126] Ebenso Lenckner beim rechtfertigenden Notstand, S. 99.
[127] Vgl. für das Strafverfahren, Schäfer, in Rosenberg-Schwab, Einl. Kap. 6, III.

Mittel zur Erreichung des verfolgten Zweckes nicht unangemessen ist, so daß eine Maßnahme zu unterbleiben hat, deren nachteilige Folgen außer Verhältnis zu dem verfolgten Zweck stehen[128].

Im folgenden geht es um die Bedeutung dieses Grundsatzes für die Presseberichterstattung. Denn es liegt nahe, der Presse nicht stärkere Eingriffsrechte als den staatlichen Organen zuzubilligen und diese damit an den Grundsatz der Verhältnismäßigkeit zu binden.

a) Die Erforderlichkeit des Eingriffs

Eine Bindung der Presse an den Grundsatz der Verhältnismäßigkeit im Sinne der Frage nach der Erforderlichkeit des Eingriffs überhaupt hätte zur Folge, daß die Presse bei einem Thema von „öffentlichem Interesse" den Nachweis erbringen müßte, eine Bildberichterstattung und damit der Eingriff in das Persönlichkeitsrecht sei zur Wahrnehmung des Informationsinteresses erforderlich.

Es sind Fälle denkbar, in denen die Erforderlichkeit einer Bild- oder/ und Namenspublizität sachlich begründet werden kann. So meint Jauernig für die Namensnennung Prozeßbeteiligter in publizierten Zivilentscheidungen, gelegentlich sei die Namensnennung aus der Sache geboten, weil sonst der tatsächliche Hintergrund und die juristische Tragweite der Entscheidung nicht zu fassen wären[129]. Der Zweck der Berichterstattung würde verfehlt oder nur unzureichend erfüllt, wenn die Namensnennung unterbliebe[130]. Weiter kann eine Bild- oder Namenspublizität dort gefordert sein, wo sie als Identifizierungsmittel der Gefahr einer Personenverwechslung vorbeugen soll[131]. Die Identifizierung erfolgt dann nicht zur Wahrnehmung eines Informationsinteresses, sondern wegen dessen Wahrnehmung zum Schutze Dritter. Abgesehen von diesen Fällen läßt sich die Erforderlichkeit einer Bild- oder/und Namenspublizität im Zusammenhang mit einer Presseberichterstattung sachlich nicht begründen[132]. Zu Recht weist Arzt darauf hin,

---

[128] Vgl. Bachof, Verfassungsrecht, Verwaltungsrecht, Verfahrensrecht, Bd. II, Anm. 312; Wellhöfer, Das Übermaßverbot im Verwaltungsrecht, S. 4 ff. und S. 27 ff. mit weiteren Hinweisen.

[129] Jauernig, Dürfen Prozeßbeteiligte in veröffentlichten Zivilentscheidungen namentlich genannt werden?, in Festschrift für Ed. Bötticher, 1970, S. 220 f.

[130] Vgl. die Beispiele bei Jauernig, S. 220 f. und Wenzel, Berichterstattung, S. 161.

[131] Vgl. Koebel für die Namenspublizität, NJW 1967, S. 1422; ferner OLG Braunschweig („Hehler"), S. 344, in der das beklagte Presseorgan die Identifizierung für erforderlich hielt, um Gegendarstellungsansprüche Dritter zu vermeiden.

[132] So bereits eingehend Arzt, S. 51 ff. und vor allem S. 57 ff.; ferner Eb. Schmidt, Öffentlichkeit und Publicity, S. 351; OLG München, 27. 5. 1974, mit-

II. Eigener Lösungsversuch

das Recht, in einer Zeitung das Bild des Kanzlers oder eines Dichters zu veröffentlichen, lasse sich mit keiner sachlichen Notwendigkeit begründen, etwa um die Qualität des politischen oder künstlerischen Werkes oder die Persönlichkeit des Abgebildeten beurteilen zu können[133]. Begründungsversuche klingen denn auch so, wie bei Neumann-Duesberg zur Bildberichterstattung eines des brutalen Übereifers verdächtigen Polizeibeamten: „Aus dem Bild können manche Leser einen früher entweder unliebsam oder vorteilhaft auffallenden Polizeibeamten wiedererkennen. Das erleichtert die Meinungsbildung und hat nichts mit Neugier und Sensationslust zu tun. Ferner vermag ein Bild auch für fremde Leser aufschlußreich zu sein (z. B. brutale Gesichtszüge)[134]." Entgegen Neumann-Duesberg wäre hier der Zweck der Berichterstattung weder verfehlt noch unzureichend erfüllt worden, falls die Bildpublizität unterblieben wäre.

Eine Bindung der Presse an den Grundsatz der Erforderlichkeit eines Eingriffs überhaupt hätte damit zur praktischen Folge, daß wegen fehlender sachlicher Notwendigkeit eine Bildberichterstattung ganz überwiegend unzulässig wäre. Nicht wegen sachlicher Notwendigkeit, sondern wegen des selbst hergestellten Öffentlichkeitsbezuges bestünde insoweit eine Ausnahme bei den „Personen des öffentlichen Lebens", den „bewußt öffentlich-privaten Personen" und bei der genehmigten Vorveröffentlichung. Sieht man von diesen Fällen und den oben erwähnten Ausnahmen ab, müßte die Presse folglich auf eine „anonyme" Berichterstattung verwiesen werden. Das Problem einer Interessenkollision und damit einer Interessenabwägung würde sich nicht stellen, da eine „anonyme" Berichterstattung keine Persönlichkeitsrechtsverletzung darstellt[135]. Mit dieser Bindung an den Grundsatz der Erforderlichkeit würde die Presse in der Wahl ihrer Informationsmittel beschränkt, der Grundrechtsschutz auf die Wortberichterstattung verkürzt. Wie oben gezeigt, verbürgt Art. 5 GG für die Freiheit der Meinung und der Nachricht die volle Gleichheit von Wort, Schrift und Bild[136]. Demgegenüber ist der Staat im Verhältnis zum Bürger wegen des Rechtsstaatsprinzips bereits im Grundsatz nicht in der Wahl seiner Eingriffsmittel frei. Eine Bindung der Presse an den Grundsatz der Er-

---

geteilt in AfP Rspr.-Übersicht 1974, S. 93, 94 („Taxifahrer"); anders ist die Rechtslage bei § 24 KUG: hier kann, wie beispielsweise bei der Veröffentlichung eines Steckbriefes in der Presse oder im Fernsehen, eine Bildpublizität aus Gründen der Rechtspflege geboten sein; die Notwendigkeit des Eingriffs in das Persönlichkeitsrecht am Bild läßt sich damit sachlich begründen; vgl. dazu von Gamm, UrhG, Einf. Rdn. 126, 127.

[133] S. 59.
[134] JZ 1960, S. 117.
[135] Vgl. 3. Kap., II 2.
[136] Vgl. 3. Kap., II 3 c.

forderlichkeit eines Eingriffs überhaupt ist daher aus verfassungsrechtlichen Gründen abzulehnen[137]. Aus denselben Gründen verlangt § 23 I, Ziff. 1 KUG auch nicht den Nachweis, daß gerade an der Bilddarstellung ein „öffentliches Interesse" besteht[138]. Dieses Ergebnis besagt nicht ein „Mehr" an Eingriffsrechten der Presse gegenüber staatlichen Organen beim Persönlichkeitsrecht, sondern nur soviel, daß sich notwendige Beschränkungen einer Persönlichkeitsrechte tangierenden Berichterstattung nicht über den Grundsatz der Erforderlichkeit erreichen lassen. Im Grunde ist, und darin kann Arzt zugestimmt werden, die Abbildungsfreiheit nach § 23 I, Ziff. 1 KUG eine Konzession an den technischen Fortschritt, mit dem Berichte interessanter gemacht werden können[139]. Von dieser Erwägung ließ sich offensichtlich auch der Gesetzgeber leiten.

Unzutreffend ist daher die Kritik Schwerdtners, bis heute habe die herrschende Literatur und Rechtsprechung nicht den Nachweis erbracht, daß die durch Bild- und/oder Namenspublizität bedingten Eingriffe in die Persönlichkeitssphäre zur Erfüllung des publizistischen Auftrags der Massenmedien unabdingbar notwendig sei[140]. Soweit der Grundsatz der Erforderlichkeit in Literatur und Rechtsprechung Erwähnung findet[141], wird dieser nicht in dem oben beschriebenen Sinne verstanden. Deutlich wird dies beim OLG Braunschweig „Hehler". Bei der Abwägung der Grundrechte sei u. a. zu prüfen, ob der Eingriff in das Persönlichkeitsrecht durch ein Informationsinteresse der Öffentlichkeit gefordert werde. Denn das Informationsinteresse rechtfertige nicht in jedem Fall einen Eingriff in das Persönlichkeitsrecht Dritter, sondern nur dann, wenn das Informationsinteresse nicht ohne Namensnennung oder sonstige Identifikation befriedigt werden könne[142]. Dies könnte den Schluß nahelegen, daß die Presse bei einem Thema von „öffentlichem Interesse" den Nachweis erbringen müßte, eine identifizierende Berichterstattung, z. B. durch Bildwiedergabe, sei zur Wahrnehmung des Informationsinteresses erforderlich. Wie die vom Gericht aufgestellten Abwägungskriterien zeigen, wird die Frage der Erforder-

---

[137] Im Ergebnis ebenso BGH, 24. 10. 1961, LM § 823 (Ah) BGB, Nr. 13 („Waffenhandel"). Wie der Hinweis auf BGHZ 31, 308 („Burschenschaft") zeigt, lehnt der BGH die Anwendung dieses Grundsatzes offensichtlich wegen der „öffentlichen Aufgabe" der Presse ab.

[138] So bereits Runge, Anm. zu OLG Nürnberg, 5. 3. 1956, OLGZ 22, S. 22; a. A. OLG München, S. 94 („Taxifahrer").

[139] Arzt, S. 59; ebenso Maass, S. 87 und Anm. 283 mit weiteren Hinweisen.

[140] Schwerdtner, S. 224.

[141] u. a. bei Maass, S. 87; Helle, S. 26; BVerfGE 35, S. 226 („Lebach"); OLG Stuttgart, S. 127 („Brutaler Übereifer"); OLG Braunschweig, S. 347 („Hehler"); ferner Lampe, NJW 1973, S. 217 ff., 219.

[142] OLG Braunschweig, S. 347.

lichkeit auf der Ebene der eingangs dargestellten dritten Prüfungsstufe, also mittels des Kriteriums der Angemessenheit, gelöst[143].

Bei der zweiten Prüfungsstufe des Grundsatzes der Verhältnismäßigkeit geht es darum, von mehreren geeigneten Eingriffsmitteln das am geringsten belastende auszuwählen. Gefordert ist hier die Feststellung des Grades der Belastungsschwere eines jeden geeigneten Mittels und ein Vergleich mit dem Beeinträchtigungsgrad eines anderen geeigneten Mittels[144]. Bedeutung kann dieser Erforderlichkeitsprüfung bei der Presseberichterstattung überhaupt nur dann zukommen, wenn man die Bildpublizität als gegenüber der Namenspublizität oder sonstigen Identifizierungsmitteln[145] schwereren Eingriff ansieht.

Im Unterschied zur Namenspublizität kann sich eine spezifische Belastungsschwere aus der Bilddarstellung selber ergeben, wie z. B. bei Darstellung intimer Situationen oder bei verzerrenden, lächerlich machenden oder demütigenden Bilddarstellungen. Hier liegt eine Verletzung des Rechts am eigenen Bild unabhängig davon vor, ob der Abgebildete dem Bereich der Zeitgeschichte zuzuordnen ist[146]. Sieht man von diesen Fällen ab, läßt sich eine nicht ganz unerheblich schwerere Belastung durch eine Bildpublizität nicht begründen. Denn die Belastungsschwere ergibt sich nicht eigentlich aus der Art des Eingriffsmittels, Bild- oder Namenspublizität, sondern aus der Thematik des „öffentlichen Interesses", also aus dem Inhalt des Begleittextes.

b) Die Angemessenheit des Eingriffs

Wie oben festgestellt, ist dem Bereich der Zeitgeschichte zuzuordnen, was entweder bereits realiter der Sphäre von Publizität angehört oder in diese wegen eines überwiegenden öffentlichen Interesses gebracht werden kann[147]. Die bei der zweiten Alternative geforderte Feststellung eines überwiegenden öffentlichen Interesses besagt nichts anderes als die Überprüfung des Presseeingriffs anhand des Grundsatzes der Angemessenheit. Denn ist ein Presseeingriff „unangemessen", kann das von der Presse wahrgenommene Interesse nicht die durch die öffentliche Darstellung berührten Interessen des Betroffenen überwiegen.

---

[143] OLG Braunschweig, S. 347.
[144] Vgl. Wellhöfer, S. 5.
[145] Vgl. dazu OLG Hamburg, Ufita Bd. 74, S. 334, 339 („Mordfall Hanzlik"); so Koebel, JZ 1966, S. 389, 390; unklar OLG Stuttgart („Brutaler Übereifer"), S. 129, „zwar (erscheint) die namentliche Nennung der übrigen Beteiligten zulässig, noch nicht aber die Preisgabe des Bildes der Hauptperson"; ablehnend Neumann-Duesberg, Juristen-Jahrbuch 1966/67, S. 140.
[146] Einhellige Meinung, so bereits Kohler, Kunstwerkrecht, S. 157.
[147] Vgl. 3. Kap., II 3 e.

Damit gewinnt der Grundsatz der Angemessenheit entscheidende Bedeutung für das „ob" einer identifizierenden Berichterstattung[148]. Über die Bindung der Presse an diesen Grundsatz wird die notwendige Beschränkung einer Persönlichkeitsrechte tangierenden Berichterstattung erreicht. Ist der Presseeingriff „unangemessen", führt dies entweder zu einem generellen oder zumindest zeitlichen Unterbleiben einer identifizierenden Berichterstattung[149].

Der Grundsatz der Angemessenheit besagt auf eine Presseberichterstattung übertragen, daß die aus einer identifizierenden Berichterstattung resultierende Eingriffsschwere nicht außer Verhältnis zu dem von der Presse verfolgten Zweck sein darf[150]. Die Eingriffsschwere ist vor allem anhand des Charakters der mitgeteilten Tatsache, der Person des Betroffenen und einer Bewertung nach der Quantität und der Qualität der geschützten Interessen zu beurteilen. Da das Prinzip seine Wirkung erst durch Orientierung am Sachbereich der Berichterstattung sowie der konkreten Einzelfallgestaltung entfalten kann[151], läßt sich generell nur so viel sagen: je schwerer der Presseeingriff wiegt, um so mehr muß den vom Betroffenen tangierten öffentlichen Belangen ein solcher Öffentlichkeitswert zukommen, der zu der Feststellung berechtigt, daß der Betroffene wegen dieses Öffentlichkeitswertes Nachteile einer öffentlichen Darstellung in Kauf zu nehmen hat. Denn ist bei einer identifizierenden Berichterstattung eine schwerwiegende Gefährdung oder Verletzung von Interessen des Betroffenen zu befürchten, ist andererseits zu berücksichtigen, daß die Berichterstattungsfreiheit als solche nicht in Frage gestellt wird, wenn die Presse auf eine „anonyme" Berichterstattung verwiesen wird. In Frage gestellt wird allein die öffentliche Darstellung mit bestimmten Mitteln.

---

[148] Dies wird auch vom BVerfG („Lebach") betont („strikte Beachtung des Grundsatzes der Verhältnismäßigkeit"), S. 232; vgl. ferner BGH, NJW 1978, S. 1801 und von Gamm, NJW 1979, S. 516.

[149] So kann beispielsweise der Grund, der zur „Unangemessenheit" geführt hat, durch Zeitablauf oder den Eintritt einer neuen Verfahrenssituation entfallen.

[150] Ebenso BGH („Waffenhandel"), LM § 823 (Ah) BGB Nr. 13; Staudinger, § 823 Rdn. 204; ähnlich BGHZ 31, 308 („Bruderschaft"), wo ein „vertretbares Verhältnis zwischen dem mit der Veröffentlichung erstrebten Zweck und der Beeinträchtigung der Ehre des Einzelnen gefordert wird"; ferner BVerfG („Lebach"), „die für den Täter entstehenden Nachteile müssen im rechten Verhältnis zur Schwere der Tat oder ihrer sonstigen Bedeutung für die Öffentlichkeit stehen", S. 232; ebenso Staudinger, § 823 BGB Anm. 204.

[151] Vgl. Wellhöfer, S. 28.

Viertes Kapitel

Der Tatverdächtige als Person der Zeitgeschichte

I. Straftat und Schutz der Privatsphäre

Im dritten Kapitel wurde davon abgesehen, den Schutz vor Indiskretion mit Hilfe einer materiellen Bestimmung der Privatsphäre festzulegen, d. h. die Frage zu stellen, welche Lebensvorgänge und Lebensbeziehungen einer Person der Privatsphäre unterliegen sollen, insbesondere ob sich der Schutz vor Publizität nach der privaten Natur der in Betracht kommenden Lebensvorgänge und Lebensbeziehungen bemißt. Auf diese Fragestellung kam es deshalb nicht an, weil ausgehend vom Persönlichkeitsrecht am eigenen Bild der Schutzbereich vor Publizität umfassend gezogen werden konnte. Eine Einschränkung ergab sich lediglich für die Publizität von etwas bereits realiter der Öffentlichkeitssphäre Zurechenbarem[1]. Gerade bei Straftaten zeigt sich, daß das „ob" eines Publizitätsschutzes nicht von der Beurteilung eines Lebensvorganges als „Privat" abhängen kann.

Deutlich wird dies bereits bei Auffassungen, nach denen das „Private" das Moment der Nichtzugänglichkeit als Ausschluß der Öffentlichkeit kennzeichnet[2]. Der Bereich des „Privaten" wird hier in einem räumlich-gegenständlichen Sinne gem. dem viel zitierten Satz „La vie privée doit être murée" verstanden[3]. Die Problematik dieser Bestimmung zeigt sich bei Kienapfel. Nach ihm sollen die „im Privat- und Familienleben begangenen Straftaten prinzipiell, wenn auch nur einstweilen, der Privatsphäre" zugeordnet werden[4]. Dagegen will er vom Diskretionsschutz „private" Vorgänge ausklammern, die sich in der Öffentlichkeit abspielen[5]. Das „ob" eines Publizitätsschutzes hängt damit von der Beurteilung eines Lebensvorganges als „privat" in dem oben dargelegten Sinne ab. Nach Kienapfel würde beispielsweise ein Mord außerhalb des häuslichen Bereichs, im Gegensatz zu derselben Straftat im häuslichen Bereich begangen, bereits tatbestandsmäßig nicht

---
[1] Vgl. 3. Kap., II 3 b.
[2] So vor allem Henkel, D 82; Gerhard Schmidt, S. 771 f.
[3] Vgl. Rehbinder, Die öffentliche Aufgabe, S. 87 Anm. 26.
[4] Kienapfel, Privatsphäre und Strafrecht, S. 28 und S. 31.
[5] Kienapfel, S. 39; ähnlich bereits Beling, Üble Nachrede, S. 54, nicht mehr „reines Privatleben".

vom Diskretionsschutz erfaßt. Die Unhaltbarkeit dieser befremdlichen Differenzierung folgt bereits aus den im dritten Kapitel dargelegten Grundsätzen zur Sphärentheorie[6]. Versteht man den Begriff des „Privaten" nicht in dem Sinne, was eine Person „für sich" behalten will und nicht zur Kenntnisnahme der Öffentlichkeit bestimmt hat, sondern bestimmt ihn materiell von der Möglichkeit sozialer Inanspruchnahme her und beschränkt damit das Privatleben auf Lebensbeziehungen und Lebensvorgänge, die nur die Person selber betreffen, können Straftaten nicht dem Privatleben einer Person zugerechnet werden. Bereits bei der Diskussion um die Einführung des Öffentlichkeitsgrundsatzes im Strafverfahren würde die Notwendigkeit und Zulässigkeit einer öffentlichen Hauptverhandlung u. a. damit begründet, die Frage, ob eine Person eine Straftat begangen habe, sei keine private, sondern eine öffentliche Angelegenheit und als solche der Disposition der Person — auch hinsichtlich der Offenlegung gegenüber der Öffentlichkeit — entzogen[7]. Wie die Begründung zu § 182 E 1962 zeigt[8], geht auch diese Vorschrift von einer materiellen Bestimmung des „Privaten" aus. Vom Schutz der Privatsphäre werden nur solche Lebensbeziehungen und Lebensvorgänge erfaßt, die „privat" im Sinne eines nicht sozial erheblichen Verhaltens oder Handelns nach außen sind, also keinen „Sozialbezug" aufweisen. Straftaten gehören damit nicht dem Privatleben = Privatsphäre einer Person an und werden nach dem Entwurf vom strafrechtlichen Diskretionsschutz ausgeklammert[9]. Zu diesem Ergebnis kommt man beim zivilrechtlichen Diskretionsschutz dann, wenn man den Schutz der Privatsphäre an dem Charakter der mitgeteilten Tatsache orientiert[10] und die Privatsphäre in dem oben dargelegten materiellen Sinne bestimmt. Eine Interessenabwägung wäre nicht erforderlich, da die Interessen des Tatverdächtigen am Unterbleiben der Publizität keine Berücksichtigung fänden. Arzt, der Straftaten ebenfalls nicht dem Privatleben einer Person zuordnet[11], vermeidet diese Konsequenz, indem er der Privatsphäre — unabhängig von der Beurteilung eines Lebensvorganges als „privat" — alles zuschlägt, was nicht veröffentlicht werden darf[12]. Entscheidend für die Zulässigkeit einer

---

[6] Vgl. 3. Kap., II 3 b.
[7] Vgl. hierzu Alber, Die Geschichte der Öffentlichkeit im deutschen Strafverfahren, S. 43 f. und S. 101, mit Lit.-Hinweisen.
[8] Vgl. 3. Kap., II 3 c.
[9] So bereits Beling, Üble Nachrede, S. 53 f.; einschränkend Gallas, ZStW Bd. 75, S. 37: die Beschuldigung, eine strafbare Handlung begangen zu haben, habe zumeist aus § 182 auszuscheiden.
[10] So Arndt für den Bildnisschutz, NJW 1967, S. 1846/47; ferner Arzt, S. 120 und S. 114.
[11] S. 103 und S. 114; unklar Evers, Privatsphäre, S. 41 „auch das Verbrechen mag denkbarer Gegenstand des Fürsichbereichs des Täters sein".
[12] S. 103.

II. Möglichkeiten presserechtlicher Bindungen während eines Ermittlungsverfahrens

Publizität ist ebenfalls eine Interessenabwägung, die im Grunde nicht von derjenigen der h. M. zu § 23 KUG I, Ziff. 1 abweicht[13].

Bevor anhand der im III. Kapitel dargelegten Kriterien auf das „ob" einer identifizierenden Berichterstattung eingegangen werden kann, ist nachfolgend zu untersuchen, ob aus dem Sachbereich der Pressepublizität spezielle presserechtliche Bindungen folgen.

1. § 81 b StPO

§ 81 b StPO gestattet die Aufnahme von Lichtbildern des Beschuldigten gegen dessen Willen, soweit dies für die Zwecke der Durchführung des Strafverfahrens oder des Erkennungsdienstes notwendig ist. Eberhardt Schmidt will aus dieser Vorschrift folgern, eine Bildaufnahme zu anderen als den in dieser Vorschrift geregelten Zwecken sei ohne Zustimmung des Beschuldigten nicht statthaft und demzufolge auch nicht die Veröffentlichung einer ohne dessen Zustimmung erfolgten Bildaufnahme[1]. Damit wäre ein weitgehender Schutz des Tatverdächtigen vor identifizierender Bildberichterstattung während eines Ermittlungsverfahrens erreicht, ohne daß es darauf ankommen würde, ob der Tatverdächtige im Sinne des § 23 KUG Person der Zeitgeschichte ist. Problematisch wäre der Indiskretionsschutz nur bei der Veröffentlichung solcher Bilder, die nicht im Zusammenhang mit dem Ermittlungsverfahren, sondern zeitlich früher aufgenommen wurden[2].

Dieser Auffassung Eb. Schmidts kann nicht gefolgt werden. Die Reichweite dieser Vorschrift ist von ihrem Zweck her zu bestimmen. Die Lichtbildaufnahmen sollen nach § 81 b 1. Alt. StPO der Förderung eines abhängigen Strafverfahrens — zumeist des staatsanwaltlichen Ermittlungsverfahrens — zur Bestimmung der Person und Identität des Beschuldigten dienen, während § 81 b 2. Alt. StPO die Lichtbildaufnahmen zu präventiv-polizeilichen Zwecken bei Gelegenheit eines Strafverfahrens gestattet, wenn der Beschuldigte nach seiner Persönlichkeit und der Art der ihm zur Last gelegten Tat als potentieller Täter anderer Straftaten in Betracht kommt[3]. Lediglich für diese Zwecke wird

---
[13] S. 122 ff.
[1] Eb. Schmidt, Justiz und Publizistik, S. 15 ff. und Öffentlichkeit oder Publicity?, S. 345 ff.; vgl. zum Zusammenhang von Bildaufnahme und Bildveröffentlichung Arzt, S. 68 f. mit Hinweisen.
[2] Vgl. zum Sachzusammenhang, 3. Kap., II 4 a.
[3] Vgl. dazu Kern / Roxin, Strafverfahrensrecht, § 33 A III, 1; Kohlhaas, Körperliche Untersuchung und erkennungsdienstliche Maßnahmen, 2. Auflage, S. 9 ff.

in § 81 b StPO die Zulässigkeit von Lichtbildaufnahmen abschließend geregelt. Aus dieser Vorschrift könnte damit beispielsweise die Unzulässigkeit der Bildaufnahme durch einen Privaten zu einem der vorgenannten Zwecke entnommen werden[4]. Weder aus dem Wortlaut noch dem Zweck des § 81 b StPO folgt, daß diese Vorschrift darüber hinaus generell — auch im Verhältnis Presse und Beschuldigtem — die Bildaufnahme gegen den Willen des Beschuldigten untersagen will. Eine Bindungswirkung für die Presse enthält daher § 81 b StPO nicht.

2. Öffentlichkeit und Nichtöffentlichkeit des Verfahrens

a) Die Nichtöffentlichkeit des Ermittlungsverfahrens

§ 169 S. 1 GVG bestimmt für die Hauptverhandlung einschließlich der Verkündung des Urteils den Grundsatz der Öffentlichkeit. Demgegenüber ist das Ermittlungsverfahren, ohne daß dies in der StPO ausdrücklich bestimmt ist, nicht öffentlich. Es liegt nahe, bereits wegen dieser differenzierten Gestaltung der Verfahrensabschnitte im Wege eines Umkehrschlusses Folgerungen für die Zulässigkeit oder Unzulässigkeit einer identifizierenden Berichterstattung abzuleiten. Denn man könnte argumentieren, der Gesetzgeber habe mit der Öffentlichkeit der Hauptverhandlung ein Geheimhaltungsinteresse der Prozeßbeteiligten nicht anerkannt, mit der Folge, daß eine identifizierende Berichterstattung zulässig ist[5], das Gegenteil sei dann für das nichtöffentliche Ermittlungsverfahren anzunehmen.

Die überwiegende, vor allem in der strafprozessualen Literatur und Rechtsprechung vertretene Auffassung beschränkt die Bedeutung des Öffentlichkeitsgrundsatzes auf die Gewährleistung unmittelbarer Öffentlichkeit zum Zwecke der Kontrolle der Rechtspflege durch die Allgemeinheit[6]. Der Herstellung mittelbarer Öffentlichkeit durch Publizität wird lediglich eine vom Gesetzgeber mitgewollte Reflexwirkung der unmittelbaren Öffentlichkeit zugestanden[7]. Nach dieser Auffassung kann dem Grundsatz der Öffentlichkeit keine Wertung darüber entnommen werden, ob ein Geheimhaltungsinteresse des Angeklagten

---

[4] Vgl. zum Ermittlungsvorbehalt 4. Kap., II 3.

[5] So Jauernig, S. 229, der diesen Grundsatz jedoch für die Öffentlichkeit des Strafverfahrens durchbricht, vgl. S. 234; weitergehend meint Kühle, wegen des Öffentlichkeitsgrundsatzes sei es grds. falsch, ein Verbot der Namensnennung anzunehmen, in AfP 1973, S. 356, 357.

[6] Vgl. u. a. Eb. Schmidt, StPO Teil III, Vorbem. §§ 69 ff. GVG Anm. 1 ff.; Erdsiek, NJW 1960, S. 1048, 1049; Bockelmann, NJW 1960, S. 217 ff.; Lampe, NJW 1973, S. 212, 218; Schäfer, in Löwe-Rosenberg, StPO, Vorbem. § 169 GVG Anm. 1 b; BGH, 13. 6. 1961, BGH St. 16, 111 ff.

[7] BGHSt 16, 113.

II. Möglichkeiten presserechtlicher Bindungen

auch über den Bereich unmittelbarer Raumöffentlichkeit hinaus nicht anzuerkennen ist.

Eine Mindermeinung lehnt die beschränkte Geltung des Grundsatzes auf die sog. unmittelbare Öffentlichkeit ab[8]. Aus dem demokratischen Bezug des Öffentlichkeitsprinzips wird gefolgert, dem Grundsatz komme neben der Bedeutung als „Garantie eines Minimums an Publizität", der unmittelbaren Raumöffentlichkeit, insbesondere die als „Garantie eines Maximums", der unmittelbaren Öffentlichkeit zu[9]. Es spricht manches dafür, den eigentlichen Schwerpunkt des Grundsatzes in dieser zweiten Garantie zu sehen, besonders wenn man sich die „Repräsentanten der Raumöffentlichkeit" vor Augen hält, bei denen oftmals die Funktion der Kontrolle der Rechtspflege durch unmittelbare Öffentlichkeit als normative Utopie erscheint[10]. Verfehlt wäre indes, aus der behaupteten verfassungsrechtlichen Garantie mittelbarer Öffentlichkeit durch Publizität bereits konkrete Folgerungen im Hinblick auf die Mittel solcher Publizität abzuleiten. Denn eine Gewährleistung mittelbarer Öffentlichkeit durch § 169 Satz 1 GVG besagt nichts darüber, mit welchen Mitteln mittelbare Öffentlichkeit durch Publizität zulässigerweise hergestellt werden darf[11].

Die differenzierte Gestaltung der Verfahrensabschnitte läßt damit keine Rückschlüsse auf Zulässigkeit oder Unzulässigkeit einer identifizierenden Berichterstattung zu. Weiter könnte der Gesetzgeber mit der Nichtöffentlichkeit des Ermittlungsverfahrens gerade auch den Zweck verfolgt haben, das Geheimhaltungsinteresse des Tatverdächtigen zu schützen. Die Nichtöffentlichkeit des Ermittlungsverfahrens wird — wenn überhaupt — vor allem mit dem Interesse an der Wahrheitsfindung, der Sicherung der Unbefangenheit der bei den Strafverhandlungen beteiligten Personen (Richter, Zeugen, Sachverständige u. dgl.) und der ungestörten Durchführung der Ermittlungstätigkeit der Strafverfolgungsorgane begründet[12]. Nach Auffassung des OLG Braunschweig „Hehler" soll die Nichtöffentlichkeit auch den Interessen des Beschuldigten dienen[13].

Ähnlich meint Kleinknecht, das Ermittlungsgeheimnis sei zu wahren, solange es im Interesse der Untersuchung oder zur Schonung des Be-

---

[8] Vgl. u. a. H. J. Schneider, JUS 1963, S. 346 ff.; Windsheimer, Information als Interpretationsgrundlage für die subj. öffentlichen Rechte des Art. 5 I GG, S. 55 ff.
[9] Windsheimer, S. 56.
[10] Ähnlich Rehbinder, Die öffentliche Aufgabe, S. 91; H. J. Schneider, S. 350.
[11] Ebenso Rehbinder, S. 90 f.; ferner Koebel, MDR 1972, S. 10.
[12] Vgl. Kleinknecht, StPO, Einf. 2 B; Henkel, Strafverfahrensrecht, § 75 Anm. 10; Loesdau, MDR 1962, S. 773; OLG Braunschweig, S. 346 („Hehler").
[13] OLG Braunschweig, S. 346.

schuldigten geboten sei[14]. Weder das OLG Braunschweig noch Kleinknecht folgern hieraus jedoch einen Vorrang des Geheimhaltungsinteresses des Beschuldigten während des Ermittlungsverfahrens. Vielmehr wird auch in diesem Verfahrensabschnitt der identifizierenden Berichterstattung über Straftaten unter bestimmten Voraussetzungen ein grundsätzlicher Vorrang zugestanden[15].

Kleinknecht und dem OLG Braunschweig kann darin zugestimmt werden, daß die Nichtöffentlichkeit des Ermittlungsverfahrens nicht bereits den Schluß auf ein den Interessen der Öffentlichkeit an identifizierender Berichterstattung vorrangiges Geheimhaltungsinteresse des Tatverdächtigen zuläßt. Die StPO enthält keine Bestimmung darüber, daß zum Schutz des Beschuldigten, z. B. bei öffentlichen Ermittlungen in dessen Anwesenheit die Öffentlichkeit auszuschließen ist. § 164 StPO gewährt lediglich ein amtliches Selbsthilferecht bei Störung der Ermittlungstätigkeit der Strafverfolgungsorgane. Der Schutzzweck dieser Vorschrift umfaßt nicht ein Geheimhaltungsinteresse des Beschuldigten. Auch die historische Entwicklung der Öffentlichkeit im deutschen Strafverfahren spricht dafür, daß der Schutz des Geheimhaltungsinteresses des Beschuldigten als bloßer Reflex der Nichtöffentlichkeit des Ermittlungsverfahrens anzusehen ist. Mit Entstehen des Inquisitionsprozesses im 13. Jahrhundert wurde das bis dahin öffentliche Verfahren mehr und mehr zu eineem geheimen Verfahren[16]. Der Schwerpunkt des Strafverfahrens verlagerte sich auf das geheime Vorverfahren, eine öffentliche Verhandlung fand nur am Schluß des Verfahrens, im sog. „endlichen Rechtstag" statt, dem lediglich die formale Bedeutung der Urteilsverkündung zukam. Auch dieser Rest von Öffentlichkeit verschwand nach und nach im Zeitalter des Absolutismus. Erst Ende des 18. Jahrhunderts und insbesondere im Anschluß an Feuerbach[17] setzte sich in Deutschland wieder der Gedanke der Öffentlichkeit des Strafverfahrens durch. Die Einführung der Heimlichkeit des Inquisitionsprozesses erfolgte sicher nicht zum Schutze eines Geheimhaltungsinteresses des Tatverdächtigen. Bestimmend hierfür waren Mängel des bisherigen Verfahrensprinzips und vor allem gesellschaftspolitische Gründe[18]. Auch die Diskussion um die Einführung der Öffentlichkeit der Voruntersuchung nach englischem Vorbild zeigt, daß der Schutz des Geheimhaltungsinteresses des Beschuldigten hierbei keine oder nur

---

[14] Kleinknecht, Einf. 2 B.
[15] OLG Braunschweig, S. 346; Kleinknecht, § 161 Anm. 8.
[16] Vgl. dazu Eb. Schmidt, Einf. in die Geschichte der dt. Strafrechtspflege, 2. Auflage, S. 94.
[17] Feuerbach, in „Betrachtungen über die Öffentlichkeit und Mündlichkeit der Gerechtigkeitspflege", Bd. 1, 1821.
[18] Vgl. dazu Alber, S. 14; ferner E. Kaufmann, JuS 1961, S. 250.

eine untergeordnete Rolle spielte[19]. Wie sich aus den Motiven ergibt, wurden gegen die Öffentlichkeit der Voruntersuchung verfahrensrechtliche Argumente vorgebracht[20]. Der Schutz eines Geheimhaltungsinteresses des Beschuldigten als Argument für die Nichtöffentlichkeit dieses Verfahrensabschnittes wird nicht einmal erwähnt.

Zusammenfassend kann festgestellt werden, daß aus der Nichtöffentlichkeit des Ermittlungsverfahrens nicht bereits auf die Unzulässigkeit einer identifizierenden Berichterstattung während dieses Ermittlungsverfahrens geschlossen werden kann.

b) Die Nichtöffentlichkeit der Hauptverhandlung

aa) Die §§ 171 a, 172 GVG

Das Gericht kann für die Verhandlung oder für einen Teil der Verhandlung nach den §§ 171 a, 172 GVG die Öffentlichkeit ausschließen, beispielsweise wenn Umstände aus dem persönlichen Lebensbereich eines Prozeßbeteiligten oder eines Zeugen oder wenn ein wichtiges Geschäfts-, Betriebs-, Erfindungs- oder Steuergeheimnis zur Sprache kommt (§ 172 Nr. 2 GVG). Unter den Voraussetzungen des § 172 GVG kann das Gericht durch besonderen Beschluß nach § 173 II GVG die Öffentlichkeit auch für die Verkündung der Urteilsgründe oder eines Teils der Urteilsgründe ausschließen. Der Gesetzgeber hat damit zwar einem Geheimhaltungsinteresse der Prozeßbeteiligten Rechnung getragen, der Schutz vor öffentlicher Erörterung ist jedoch auf diejenigen Umstände beschränkt, die den Ausschluß der Öffentlichkeit begründen können. Nach § 173 I GVG hat die Verkündung des Urteils in jedem Falle öffentlich zu erfolgen. Aus den §§ 171 a, 172 GVG kann damit nicht bereits eine Wertung für die generelle Unzulässigkeit einer identifizierenden Berichterstattung während eines Strafverfahrens entnommen werden[21].

bb) Die §§ 48, 109 JGG

Nach § 48 I JGG ist im Jugendstrafverfahren die Hauptverhandlung einschließlich der Urteilsverkündung nichtöffentlich. Eine gewisse Durchbrechung erfährt dieser Grundsatz durch § 48 II JGG, indem Satz 1 den dort genannten Personen ein Anwesenheitsrecht gewährt und der Vorsitzende nach Satz 2 anderen Personen die Anwesenheit gestatten kann[22].

---

[19] Vgl. Alber, S. 124 f.; ferner Mittermaier, Die Gesetzgebung und Rechtsübung über Strafverfahren, 1856, S. 323.
[20] Vgl. Hahn, Die gesammelten Materialien zur Strafprozeßordnung, Bd. I, Motive zum Entwurf einer Strafprozeßordnung, 1880, S. 94 ff.
[21] Vgl. auch Jauernig, S. 232 und S. 235.
[22] Vgl. auch § 48 III JGG.

Der Ausschluß der Öffentlichkeit im Jugendstrafverfahren dient vornehmlich dem Schutz des jugendlichen Angeklagten[23]. Dieser soll nicht nur vor Kenntnisnahme von Umständen aus seinem persönlichen Lebensbereich (§ 172 GVG) geschützt werden. Die Nichtöffentlichkeit während des gesamten Verfahrens soll auch verhindern, daß der jugendliche Angeklagte und die ihm zur Last gelegte Straftat einem breiteren Publikum bekannt werden und dem Jugendlichen dadurch berufliche und soziale Schwierigkeiten erwachsen, die seine spätere Wiedereingliederung erschweren[24]. Aus diesem Schutzzweck der Nichtöffentlichkeit des Hauptverfahrens folgt für die Zulässigkeit einer identifizierenden Berichterstattung, daß dem Geheimhaltungsinteresse des Jugendlichen der unbedingte Vorrang vor den Interessen der Allgemeinheit an identifizierender Information einzuräumen ist. Der jugendliche Angeklagte ist damit im Sinne des § 23 KUG keine Person der Zeitgeschichte[25].

Dieser Vorrang gilt auch für das Ermittlungsverfahren. Denn eine identifizierende Berichterstattung während dieses Verfahrensabschnittes würde den späteren Schutz durch Nichtöffentlichkeit des Hauptverfahrens geradezu leerlaufen lassen. Diesem Ergebnis widerspricht nicht, daß in der Literatur unter Hinweis auf § 48 II, Satz 2 JGG die Auffassung vertreten wird, der Vorsitzende könne auch der Presse die Anwesenheit gestatten[26]. Die Teilnahme an der Hauptverhandlung besagt nichts über die Zulässigkeit einer identifizierenden Berichterstattung[27]. Vielmehr findet die hiermit eingeräumte Möglichkeit einer Prozeßberichterstattung ihre Grenze am Schutzzweck der Nichtöffentlichkeit des Verfahrens.

Gegenüber dem Jugendstrafverfahren ist das Verfahren gegen Heranwachsende grundsätzlich öffentlich (§§ 107 JGG, 169 GVG). Nach § 109, I, Satz 2 JGG kann die Öffentlichkeit ausgeschlossen werden, wenn dies im Interesse der Erziehung des Angeklagten geboten ist. Maßgebend sind dieselben Gründe, die den Gesetzgeber zum Ausschluß

---

[23] Vgl. Schaffstein, JGG, S. 145; Dallinger / Lackner, JGG, § 48 Anm. 2 und 3.
[24] Schaffstein, S. 145.
[25] Im Ergebnis ebenso BVerfGE 35, S. 232 („Lebach"); für die Namenspublizität Lampe, NJW 1973, S. 219 und Koebel, JZ 1966, S. 390; auch der Deutsche Presserat hat in seiner Erschließung vom 16. 2. 1967 empfohlen, im Rahmen der Berichterstattung über Straftaten Jugendlicher von einer Bild- und Namenspublizität abzusehen, ferner jede andere Schilderung von Umständen zu vermeiden, die eine Identifizierung des Jugendlichen ermöglicht, vgl. Tätigkeitsbericht 1969, S. 56; a. A. KG, 30. 4. 1976, mitgeteilt in AfP Rsspr.-Übersicht 1976, S. 33.
[26] So Schaffstein, S. 145 und Dallinger / Lackner, Anm. 18.
[27] Vgl. 4. Kap., II 2 a.

der Öffentlichkeit im Jugendstrafverfahren bewogen haben[28]. Wird die Öffentlichkeit ausgeschlossen, gilt für die Zulässigkeit einer identifizierenden Berichterstattung über das Hauptverfahren das oben Gesagte. Bei der Interessenabwägung während des Ermittlungsverfahrens ist die Möglichkeit eines Ausschlusses nach § 109 I, Satz 2 JGG zu berücksichtigen. Hieraus folgt der Vorrang des Interesses des heranwachsenden Beschuldigten während dieses Verfahrensabschnittes. Denn eine identifizierende Berichterstattung würde den Zweck eines späteren Ausschlusses gefährden oder vereiteln. Die Abwägung führt damit zu einem zeitlichen Aufschub identifizierender Berichterstattung, bis feststeht, ob das Gericht von der Möglichkeit des § 109 I, Satz 2 JGG Gebrauch gemacht hat.

c) Berufs- und ehrengerichtliche Verfahren

Die berufs- und ehrengerichtlichen Verfahren bei Anwälten, Notaren, Steuerberatern oder Steuerbevollmächtigten sind nichtöffentlich[29]. Damit stellt sich das Problem, ob aus der Nichtöffentlichkeit dieser Verfahren Wertungen im Hinblick auf eine identifizierende Berichterstattung entnommen werden können. Ein Vorrang des Geheimhaltungsinteresses könnte damit begründet werden, ansonsten würden diese dem Individualschutz dienenden Bestimmungen unterlaufen.

Dies gilt zumindest dann nicht, wenn der Gegenstand dieser Verfahren zugleich Gegenstand eines Strafverfahrens ist und die Berichterstattung sich auf das Strafverfahren bezieht[30]. Denn der Grundsatz der Öffentlichkeit der Hauptverhandlung nach § 169 Satz 1 GVG besteht auch für diese Berufsgruppen. Aus diesem Grundsatz folgt zwar nicht bereits die Zulässigkeit einer identifizierenden Berichterstattung[31], andererseits zeigt das grundsätzlich öffentliche Strafverfahren, daß auch bei diesen Berufsgruppen das Geheimhaltungsinteresse nicht umfassend vor Öffentlichkeit geschützt ist. Im übrigen würde diesen Berufsgruppen ein Sonderschutz vor Publizität zugestanden, der sachlich nicht begründet ist.

---

[28] Vgl. Dallinger / Lackner, § 109 Anm. 5.
[29] Vgl. §§ 135 I, 143 IV, 146 III BRAO; § 96 BNotO mit — z. B. § 64 LDO BaWü, § 109 BNotO mit §§ 87 I, 73, 105 II BDO; § 79 I StBeratG.
[30] Jauernig will aus der Nichtöffentlichkeit von ehren- und berufsgerichtlichen Verfahren folgern, daß alle Entscheidungen, die das pflichtwidrige Verhalten zum Gegenstand haben, ohne Namensangabe zu veröffentlichen sind, gleichgültig ob es sich um ehren-, berufs- oder zivilgerichtliche Entscheidungen handelt, S. 234.
[31] Vgl. 4. Kap., II 2 a.

d) Disziplinarverfahren

Nach §§ 73, 87 I, 105 II BDO ist die Hauptverhandlung in Disziplinarsachen nichtöffentlich[32]. Hier gilt dasselbe wie vorstehend das zu berufs- und ehrengerichtlichen Verfahren Gesagte. Ist der Gegenstand des Disziplinarverfahrens gleichzeitig auch Gegenstand eines Strafverfahrens, kann der Ausgestaltung des Disziplinarverfahrens als nichtöffentliches Verfahren keine Wertung hinsichtlich einer identifizierenden Berichterstattung über ein Strafverfahren entnommen werden.

3. Aufgabenvorbehalt des Staates

Nach Auffassung des OLG Braunschweig „Hehler" soll das öffentliche Interesse an Aufklärung von Straftaten als ein Faktor zur Bestimmung eines Vorranges identifizierender Berichterstattung während eines Ermittlungsverfahrens in die Interessenabwägung mit einbezogen werden[33]. Für seine Ansicht beruft sich das Gericht auf eine Entscheidung des OLG Frankfurt, die die Zulässigkeit der Fernsehserie „Aktenzeichen XY ungelöst" des ZDF zum Gegenstand hatte[34]. In dieser Fernsehserie wird über noch unaufgeklärte Straftaten unter Namens- und Bildveröffentlichung der Tatverdächtigen berichtet. Zweck dieser Sendung ist die öffentliche Fahndung nach Tatverdächtigen und die öffentliche Aufforderung, zur Klärung einzelner Straftaten weitere Beweismittel herbeizuschaffen.

Das OLG Frankfurt bejahte im konkreten Fall die Zulässigkeit der Sendung wegen Wahrnehmung berechtigter Interessen durch das Fernsehen und wegen Vorliegens der Voraussetzungen des § 23 I, Ziff. 1 KUG[35]. Im wesentlichen wird die nach allgemeinen Interessenabwä-

---

[32] Ebenso bei Landesbeamten, vgl. z. B. § 64 LDO Ba-Wü.

[33] OLG Braunschweig, S. 347.

[34] OLG Frankfurt, 24. 9. 1970, NJW 1971, S. 47 ff.; die Zulässigkeit dieser Sendung ist umstritten, vgl. u. a. OLG München, 14. 5. 1970, NJW 1970, S. 1745 ff.; Neumann-Duesberg, JZ 1971, S. 350 ff.; Benke, JuS. 1972, S. 257 ff.; Schwerdtner, S. 196 ff. mit weiteren Nachweisen.

[35] Dagegen vor allem Neumann-Duesberg. Er bejaht zwar die Eigenschaft des Tatverdächtigen als Person der Zeitgeschichte, da die Öffentlichkeit vor solchen Tätern gewarnt, also informiert werden müßte, lehnt aber die Anwendbarkeit des § 23 I, Ziff. 1 KUG damit ab, die Bildpublizität diene vornehmlich der Verbrechensaufklärung statt ausschließlich oder überwiegend der Information, S. 307. Neumann-Duesberg verwendet hier eine Unterscheidung, die er für die Fälle der Wirtschaftsreklame entwickelt hat und dort ein Ausscheiden bestimmter Zwecke aus § 23 I, Ziff. 1 KUG ermöglichen soll, vgl. oben S. 62 f. Bei dieser Argumentation wird verkannt, daß der Informationsgehalt der Berichterstattung und der damit verfolgte Zweck zu unterscheiden sind. z. B. kann die Mitteilung, der durch Bildwiedergabe identifizierte Tatverdächtige sei flüchtig, einmal den Zweck, die Öffentlichkeit vor diesem zu warnen und/oder den Zweck verfolgen, durch öffentliche Fahn-

II. Möglichkeiten presserechtlicher Bindungen

gungsgrundsätzen getroffene Entscheidung damit begründet: „Hat die Rechtsprechung die Grenzen dessen, was eine in der Zeitgeschichte irgendwie hervorgetretene Person zu ertragen hat, wenn es um die Aufklärung und Belehrung der Öffentlichkeit geht, an sich schon weit gezogen, so muß dies umso mehr gelten, wenn das besonders schutzwürdige Interesse der Allgemeinheit an der Aufklärung und Verhinderung von Verbrechen betroffen ist[36]." Bemerkenswert bei diesem „Erstrecht-Schluß" ist die Tragweite der Entscheidung. Da das Gericht dem Zusammenwirken des Fernsehens bei dieser Sendereihe mit staatlichen Ermittlungsbehörden keine Bedeutung zumißt, gesteht es den Medien selbst die Legitimation zur Wahrnehmung des öffentlichen Interesses an Aufklärung von Straftaten und des damit verbundenen Eingriffs in die Persönlichkeitsrechte des Tatverdächtigen zu.

Entgegen dem OLG Frankfurt besagt die Feststellung, die Medien würden öffentliche Interessen wahrnehmen und die Aufklärung von Straftaten liege im öffentlichen Interesse, noch nicht, daß die Wahrnehmung gerade dieses Interesses in den Aufgabenbereich der Medien fällt. Bei Wahrnehmung öffentlicher Interessen stellt sich nämlich die Frage, ob die Interessenwahrnehmung im Verhältnis Staat und Gesellschaft nicht dem staatlichen Bereich zuzuordnen und damit staatliche Aufgabe ist[37]. Als staatliche Aufgaben können dabei solche bezeichnet werden, die der Staat und soweit er sie nach der jeweils geltenden Verfassungsordnung zulässigerweise für sich in Anspruch nimmt[38].

Nach deutschem Strafverfahrensrecht hat der Staat nicht nur den materiellen Strafanspruch, sondern auch das Recht und die Pflicht zur Strafverfolgung, sog. Offizialprinzip. Die Strafverfolgung ist damit im Rahmen des Offizialprinzips[39] staatliche Aufgabe[40].

---

dung eine Verhaftung des Tatverdächtigen zu erreichen. Beide Male ist der Informationsgehalt derselbe, Unterschiede ergeben sich allein wegen des damit verfolgten Zweckes. Wieso lediglich im ersten Fall ein „Informationszweck" gegeben sein soll, bleibt unerfindlich. Der Versuch, mit dem vielschichtigen Begriff der Information eine Lösung zu finden, ist untauglich; vgl. zum vielschichtigen Begriff der Information Windsheimer, S. 7.

[36] S. 48.
[37] Vgl. zur Unterscheidung staatlicher und öffentlicher Aufgaben Hans H. Klein, DÖV 1965, S. 756 ff., Ossenbühl, VVDStRL 29, S. 153 und Kunert, Staatliche Bedarfsdeckungsgeschäfte und öffentliches Recht, S. 77 ff., jeweils mit weiteren Hinweisen.
[38] Vgl. Ossenbühl, S. 153; Hans H. Klein, S. 758.
[39] Eine Ausnahme vom Offizialprinzip gilt für die privatklagefähigen Delikte, vgl. §§ 374 ff. StPO, bei denen jedoch die STA auch die Möglichkeit hat, die öffentliche Klage zu erheben oder die Verfolgung im Verlaufe des Verfahrens zu übernehmen, §§ 376 f. StPO. Die Privatklage wird dann zur Offizialklage, vgl. Kleinknecht, StPO, § 377 Anm. 4.
[40] Vgl. allgemein zur Rechtspflege als staatliche Aufgabe G. Jellinek, Allg. Staatslehre, 3. Aufl., S. 56; BVerfGE 17, S. 371, 376.

Die entscheidende Problematik ist damit angesprochen, nämlich ob und unter welchen Voraussetzungen die Erfüllung staatlicher Aufgaben durch Private zulässig ist. Dieses Problem stellt sich heute in weiten Bereichen hoheitlich-staatlicher Aufgaben, wie z. B. bei der sog. Betriebsjustiz[41], dem privaten Wach- und Sicherungsgewerbe[42], bei para-militärischen Organisationen. Dürig hat diese Problematik, u. a. unter Hinweis auf die Sendereihe „Aktenzeichen XY ungelöst", treffend so gekennzeichnet: „Private gerieren sich als Erfüllungsgehilfen des Staates und usurpieren sich z. B. Verwaltungsmacht[43]." Auf diese vor allem unter rechtspolitischen und verfassungsrechtlichen Aspekten brisante Thematik näher einzugehen, verbietet sich im Rahmen dieser Untersuchung.

Für den Bereich der Strafverfolgung kann festgestellt werden, daß diese als staatliche Aufgabe einem Aufgabevorbehalt des Staates bzw. des innerhalb der staatlichen Kompetenzverteilung zuständigen Trägers öffentlicher Gewalt unterliegt[44]. Dem Staat bzw. dem zuständigen Träger öffentlicher Gewalt steht damit eine ausschließliche Wahrnehmungszuständigkeit zur Erfüllung dieser Aufgabe zu, soweit der Staat ihre Erfüllung an sich gezogen hat. Für das Ermittlungsverfahren bedeutet dies, daß der Staatsanwaltschaft als zuständige Ermittlungsbehörde ein Ermittlungsvorbehalt zusteht.[45]. Sie allein entscheidet im Rahmen des sie bindenden Legalitätsprinzips über die zweckmäßige Durchführung der Ermittlungen, §§ 152 II und 160 I StPO, wobei § 161 StPO auch eine Übertragung von Ermittlungstätigkeit an die Polizei zuläßt. Privaten ist damit die Legitimation zu eigener, in Rechte Dritter eingreifender Strafverfolgungstätigkeit genommen[46]. Eine Ausnahme sieht die StPO lediglich nach § 127 I vor. Das besagt nicht, daß Privaten jede Eigeninitiative bei der Verfolgung strafbarer Handlungen untersagt ist. Die Strafverfolgungsorgane sind auch oftmals auf die Mitwirkung der Allgemeinheit und der Medien bei der Fahndung nach Tatverdächtigen oder zur Aufklärung von Straftaten angewiesen[47].

---
[41] Vgl. dazu vor allem Baumann, ZZP Bd. 84 (1971), S. 297 ff.
[42] Vgl. dazu Hoffmann-Riem, ZRP 1977, S. 277.
[43] Dürig, VVDStRL 29, S. 266.
[44] Vgl. zum Aufgabenvorbehalt H. Krüger, Allg. Staatslehre, S. 769; G. Jellinek, a.a.O., S. 256; E. R. Huber, Wirtschaftsverwaltungsrecht, S. 534; Bachof, AÖR 83, S. 208, 234; ferner Hoffmann-Riem, ZRP 1977, S. 280; vgl. auch Art. 33 IV GG und dazu Ossenbühl, S. 161 f.
[45] Ebenso Schwerdtner, S. 201; Benke, S. 258; ferner Kleinknecht StPO § 163 Anm. 1 B; eine Ausnahme enthält auch nicht § 163 StPO, da die Polizei hierbei „verlängerter Arm der StA" ist, vgl. BVerwG, NJW 1975, S. 893, 894.
[46] Abzulehnen ist daher die Meinung Hubmanns, der eine Bank für berechtigt hält, Bilder eines Bankräubers zu veröffentlichen, damit dieser entdeckt wird, JZ 1957, S. 755.
[47] Vgl. zur öffentlichen Fahndung u. a. Eb. Schmidt, StPO, LK § 131 Anm. 2 und 3 und Kleinknecht, StPO, Anm. 1 und 6; § 131 StPO sieht hierbei nur

II. Möglichkeiten presserechtlicher Bindungen

Eine eigene Ermittlungstätigkeit Privater endet aber jedenfalls dort, wo die erforderlichen Maßnahmen mit möglichen oder gar sicheren Eingriffen in fremde Rechtsgüter verbunden sind. Eine andere hier nicht zu untersuchende Frage ist, ob Privaten in eigener Wahrnehmungszuständigkeit — man denke hier an die Figur des „beliehenen Unternehmers"[48] — oder im Rahmen eines öffentlich-privaten Kondominiums[49] staatliche Ermittlungstätigkeit übertragen werden kann[50].

Als Ergebnis kann festgestellt werden, daß entgegen dem OLG Frankfurt den Medien nicht selbst die Legitimation zur Wahrnehmung des öffentlichen Interesses an Aufklärung von Straftaten zusteht.

4. Der Grundsatz der Unschuldsvermutung

Dem Vorbild des Art. 6 II EMRK vom 4. 10. 1950 folgend enthalten eine Reihe von Länderverfassungen den Grundsatz, jeder habe als unschuldig zu gelten, bis er durch rechtskräftiges Urteil eines ordentlichen Gerichts für schuldig befunden ist[51]. Das Grundgesetz selber erwähnt diesen Grundsatz nicht. Es besteht jedoch Übereinstimmung, daß der Unschuldsvermutung verfassungsrechtliche Bedeutung zukommt, die entweder aus Art. 1 II GG[52] oder aus dem Rechtsstaatsprinzip[53] abgeleitet wird.

---

eine Aufforderung zu Hinweisen, nicht zu weitergehenden Maßnahmen, z. B. vorläufige Festnahme des steckbrieflich Gesuchten, durch Private bei öffentlicher Fahndung vor, vgl. näher Eb. Schmidt, Anm. 2 u. 3.

[48] Vgl. dazu Ossenbühl, S. 169 f.; Steiner JuS 1969, 73 f.; E. R. Huber, Wirtschaftsverwaltungsrecht, S. 533 ff.

[49] Vgl. dazu Ossenbühl, S. 149.

[50] Eine gesetzliche Ermächtigungsgrundlage enthält die StPO nicht; für die Fernsehsendung „Akt. XY ungelöst" dennoch bejahend Neumann-Duesberg, der mit Hilfe einer extensiven Auslegung des § 24 KUG ein Recht der Strafverfolgungsorgane zur Delegation annimmt, S. 309; dagegen zu Recht Benke, S. 258 und 261 und Schwerdtner, S. 201 unter Hinweis auf den rechtsstaatlichen Funktionsvorbehalt und die fehlenden gesetzlichen Ermächtigungsgrundlage; vgl. zu den sich dabei ergebenden Rechtsschutzproblemen Bötticher und Grote, NJW 1974, S. 1647 ff.; sieht man einmal von dieser Problematik ab, ist die Sendereihe auch unter kriminalpolitischen Gesichtspunkten äußerst fragwürdig. Nach Hoffmann-Riem „dressiert sie ein Volk von Möchte-gern-Sheriffs und verschleudert die neuzeitliche Errungenschaft staatlicher Strafverfolgung", in Medienwirkung und Medienverantwortung, S. 51.

[51] Art. 65 II LVerf Berlin; Art. 6 III LVerf Bremen; Art. 20 II, LVerf Hessen; Art. 6 III, 2 LVerf Rh-Pfalz; Art. 14 III LVerf Saarland.

[52] Sax, Grundsätze der Strafrechtspflege, in: Bettermann / Nipperdey / Scheuner, 3. Bd. 2. Halbbd., S. 987; Eb. Schmidt, Justiz und Publizistik, S. 57.

[53] BVerfGE 22, 254, 265; Lampe, NJW 1973, 217; Kleinknecht, StPO, Art. 6 MRK Anm. 9.

a) Bindungswirkung für die Presse?

Bei Orientierung am Rechtstaatsprinzip könnte fraglich sein, ob der Grundsatz über seine Verbindlichkeit für die öffentlichen Gewalten[54] hinaus auch die Presse zu binden vermag. Die Konsequenz einer auf das Verhältnis Staat - Bürger beschränkten Geltung der Unschuldsvermutung ist offensichtlich. Der Presse könnten bei der Kriminalitätsberichterstattung stärkere Eingriffsrechte in das Persönlichkeitsrecht des Beschuldigten zustehen als den staatlichen Strafverfolgungsorganen. Die Orientierung am Rechtstaatsprinzip beleuchtet indes nur eine Seite der verfassungsrechtlichen Bedeutung dieses Grundsatzes. Aus der Sicht des Beschuldigten gewinnt die Unschuldsvermutung vor allem Bedeutung durch den Bezug zur Menschenwürde. Das Strafverfahren, in dessen Verlauf die Schuldfrage erst geprüft und entschieden wird, soll die persönlichkeitsmindernde Wirkung der Bestrafung nicht vorwegnehmen und damit die Würde des Menschen über die durch das Unschuldfeststellungsverfahren ohnehin bedingten Persönlichkeitseingriffe hinaus antasten[55]. An diese Orientierungsmaxime, deren Bedeutung noch im einzelnen näher darzulegen sein wird, hat sich auch die Presse bei ihrer Berichterstattung zu halten[56].

b) Rechtsprechung und Literatur bei Presseveröffentlichungen

Die überwiegende Rechtsprechung und Literatur erwähnt entweder den Grundsatz überhaupt nicht[57] oder nur im Zusammenhang mit dem „Wie" einer Berichterstattung. Aus ihm folge das Verbot, zu Ungunsten des Angeklagten einseitig und gefärbt zu berichten[58] und das Verbot einer vorweggenommenen Beweiswürdigung, sofern diese zur Behauptung der Schuld des Tatverdächtigen führe oder dem Leser die Annahme der bereits feststehenden Schuld nahelege[59].

Der Grundsatz wird dagegen nicht auf eine mögliche Bedeutung für das „Ob" einer identifizierenden Berichterstattung überprüft. Dies ist deshalb bemerkenswert, weil die Einstellung der Öffentlichkeit zur Kriminalität durch ein nicht zu unterschätzendes Maß an Emotionen

---

[54] Vgl. dazu eingehend Krauß, Der Grundsatz der Unschuldsvermutung im Strafverfahren, in: Müller-Dietz, Strafrechtsdogmatik und Kriminalistik, 1971, S. 153 ff.; ferner auch Mrozynski, JZ 1978, S. 255 ff.

[55] Vgl. Sax, S. 987; ferner Appell, Die Europäische Konvention zum Schutze der Menschenrechte und Grundfreiheiten, S. 61.

[56] Ebenso Lampe, S. 218; Eb. Schmidt, Justiz und Publizistik, S. 57; Erdsiek, NJW 1963, S. 1048; Kohlhaas, NJW 1963, S. 477; BVerfGE 35, S. 232 („Lebach"); OLG Braunschweig, S. 346 („Hehler"); a. A. Kühle, AfP 1973, S. 356.

[57] Vgl. die Hinweise unten Anm. 91.

[58] Erdsiek, NJW 1963, S. 1048.

[59] Eb. Schmidt, Justiz und Publizistik, S. 55 und S. 57; Erdsiek, S. 1048.

und Vorurteilen bestimmt wird, wobei die Struktur der Leser, z. B. Alter und Bildungsgrad, die Art und Schwere der zur Last gelegten Straftat oder die Zugehörigkeit des Tatverdächtigen zu einer bestimmten gesellschaftlichen Gruppe eine nicht unerhebliche Rolle spielt. Die Gefahr einer sozialen Diskriminierung des Tatverdächtigen bereits während des Ermittlungsverfahrens kann nicht von der Hand gewiesen werden. Es wird in diesem Zusammenhang darauf hingewiesen, die Publizität des Tatverdachts bedeute ein modernes „An-den-Pranger-stellen" für den Tatverdächtigen[60]. Auch sei die überwiegende Öffentlichkeit allzuleicht geneigt, die Einleitung eines Ermittlungsverfahrens mit dem Nachweis der zur Last gelegten Tat nahezu gleichzusetzen[61].

Soweit eine Bedeutung des Grundsatzes für das „Ob" einer identifizierenden Berichterstattung geprüft wird, werden hieraus unterschiedliche Folgerungen gezogen. Im Urteil des OLG Braunschweig „Hehler" dient der Hinweis auf die sog. Unschuldvermutung der Darlegung der Eingriffsschwere in das Persönlichkeitsrecht des Tatverdächtigen und bildet einen Faktor bei der Abwägung der Freiheitsrechte[62]. Eine generelle Unzulässigkeit der identifizierenden Berichterstattung während eines Ermittlungsverfahrens wird nicht angenommen.

Nach Lampe entfaltet die Unschuldsvermutung bis zu einer Verhaftung des Beschuldigten eine volle Sperrwirkung für eine identifizierende Berichterstattung, da der Tatverdächtige als vermutlich Unschuldiger keine Person der Zeitgeschichte sei[63]. Eine Verhaftung ändere die Rechtslage insofern, als die Verhaftung gleichzeitig ein zeitgeschichtliches Ereignis sein könne, das die Befassung der Presse mit der Person des Verhafteten rechtfertige. Wegen der Unschuldsvermutung sei eine Bildberichterstattung jedoch nur zugunsten des Verhafteten möglich. Die Veröffentlichung von Namen und Bild müsse dem Interesse und mutmaßlichen Willen des Verhafteten entsprechen, etwa weil seine Verhaftung in der Öffentlichkeit als ungerechtfertigt angesehen werde[64]. Bereits dagegen spricht, daß die Gefahr besteht, die Sperrwirkung einer identifizierenden Berichterstattung zu Lasten des Verhafteten unter Hinweis auf eine vorgegebene begünstigende Berichterstattung zu unterlaufen, z. B. durch geschickte Formulierung des Be-

---

[60] Vgl. u. a. BGH, NJW 1965, S. 2355 („Wie uns die Anderen sehen"); OLG Stuttgart, JZ 1960, S. 129 („Brutaler Übereifer"); OLG Braunschweig, S. 346 („Hehler"); Bußmann, Gutachten, S. 53.
[61] OLG Braunschweig, S. 346; OLG Stuttgart, S. 130; vgl. ferner Jauernig, S. 229.
[62] OLG Braunschweig, S. 345/346; ähnlich OLG Stuttgart, S. 130.
[63] Lampe, S. 218; ebenso OLG München, 27. 5. 1974, mitgeteilt in AfP-Rspr.-Übersicht 1974, S. 94 („Taxifahrer").
[64] Lampe, S. 218.

gleittextes. Wer stellt im übrigen fest, ob eine Verhaftung zu Unrecht erfolgt ist, der einzelne Redakteur, die Öffentlichkeit und welche? Nach Eröffnung der Hauptverhandlung soll nach Lampe eine Berichterstattung bei einem „wichtigen, entweder die Allgemeinheit bereits beschäftigendes oder doch für die Allgemeinheit auch ohne besondere Verpackung interessantes Verfahren" zulässig sein[65]. Lampe kommt demnach für das Ermittlungsverfahren zu einer Gleichbehandlung des Tatverdächtigen und des Nicht-Tatverdächtigen, im Verhältnis Hauptverfahren zum Ermittlungsverfahren zu einer Ungleichbehandlung der Tatverdächtigen.

c) Bedeutung der Unschuldsvermutung

aa) Tatverdacht und Unschuldsvermutung

Der Grundsatz der Unschuldsvermutung besagt nicht, daß der Tatverdächtige, weil seine Schuld noch nicht feststeht, von jeglichen Persönlichkeitseingriffen freizustellen ist[66]. Weiter folgt aus ihm nicht, daß bei Eingriffen in Persönlichkeitsrechte des Tatverdächtigen ein Maßstab anzulegen ist, der sich generell an dem zu orientieren hat, was als zulässiger Persönlichkeitseingriff beim Nicht-Tatverdächtigen angesehen werden könnte. Dem Tatverdächtigen ist durchaus mehr zuzumuten als dem Nicht-Tatverdächtigen. Anlaß und Grund einer unterschiedlichen Behandlung ist der Tatverdacht. Krauß begründet dies für hoheitliche Eingriffe mit einer Parallele zum Polizeirecht: „Wie dort der zurechenbare Anschein der Gefahr als Störung und damit als hinreichende Voraussetzung polizeilicher Entstörungsmaßnahmen gilt, so bildet in letzter Konsequenz auch im Verfahrensrecht der Tatverdacht eine dem Verdächtigen zurechenbare Störung der Rechts- und Sozialordnung, die den Staat zu einzelnen gegen den Verdächtigen gerichteten Maßnahmen der Verdachtsklärung legitimiert[67]."

Der Grundsatz der Unschuldsvermutung fordert damit nicht generell eine Gleichbehandlung des Tatverdächtigen und des Nicht-Tatverdächtigen[68].

Überträgt man dieses Ergebnis auf eine Pressepublizität während eines Ermittlungsverfahrens, so zeigt sich, daß die These Lampes, der Tatverdächtige als vermutlich Unschuldiger sei auch vermutlich keine Person der Zeitgeschichte, so nicht zutrifft. Denn diese These besagt nichts anderes, als daß der Tatverdacht unberücksichtigt zu bleiben

---

[65] Lampe, S. 218.
[66] Sax, S. 987; vgl. ferner Kleinknecht, StPO, Art. 6, EMRK, Anm. 9.
[67] Krauß, S. 171.
[68] Krauß, S. 166.

II. Möglichkeiten presserechtlicher Bindungen

habe. Allein der Hinweis auf den Grundsatz der Unschuldsvermutung kann jedoch eine Gleichstellung des Tatverdächtigen zum Nicht-Tatverdächtigen während eines Ermittlungsverfahrens nicht begründen. Von seinem Ausgangspunkt müßte Lampe auch für das Hauptverfahren zu einer Gleichbehandlung des Angeklagten zum Nicht-Angeklagten kommen, denn der Angeklagte als vermutlich Unschuldiger wäre ebenfalls vermutlich keine Person der Zeitgeschichte. Hierdurch bricht Lampe seine These und kommt damit auf die einzelnen Verfahrensabschnitte bezogen zu einer Ungleichbehandlung der Tatverdächtigen.

Der richtige Ansatz zur Lösung liegt in der Erkenntnis, daß Tatverdacht und Unschuldsvermutung in einem Spannungsverhältnis zueinander stehen. Die durch den Tatverdacht bedingten Persönlichkeitseingriffe haben sich am Prinzip der Unschuldsvermutung zu orientieren, während dieser selbst bereits Begrenzungen durch die Tatsache bestehenden Tatverdachts erfährt.

bb) Gleichbehandlung von Tatverdächtigen?

Nun ist der Tatverdacht keine konstante Größe. Die Skala des Tatverdachts reicht von der bloßen Möglichkeit einer gewissen Wahrscheinlichkeit bis hin zu einem hohen Grad von Wahrscheinlichkeit der Tatbegehung und — aus der Sicht des ermittelnden Beamten — kann sich der Tatverdacht letztlich in Schuldüberzeugung auflösen. Ist die Unschuldsvermutung eine das gesamte Strafverfahren bis zur Rechtskraft des Strafurteils beherrschende konstante Größe[69], könnte die Vermutung naheliegen, der Grundsatz der Unschuldsvermutung fordere eine Gleichbehandlung von Tatverdächtigen. Damit hätte der Grad des Tatverdachtes bei den gegen den Tatverdächtigen zu ergreifenden Maßnahmen außer Ansatz zu bleiben[70].

Die These einer Gleichbehandlung von Tatverdächtigen hat jedoch nur dann Sinn, wenn Art und Schwere der Zwangsmaßnahmen daran orientiert werden, was wegen der Unschuldsvermutung gegen den „bloß" Tatverdächtigen gerade noch in Kauf genommen werden könnte. Das Dilemma, in dem man sich dann befindet, wird beispielsweise bei § 112 StPO deutlich. Die Anordnung der Untersuchungshaft stellt einen schwerwiegenden Eingriff in die persönliche Freiheit des Tatverdächtigen dar. Der Gesetzgeber hat dem Rechnung tragend die Anordnung dieses Zwangsmittels u. a. von dem Vorliegen eines drin-

---

[69] So Krauß, S. 158; anders Sax, S. 988 „je stärker der Tatverdacht zunimmt und sich auf die Schuldüberzeugung verdichtet, um so schwächer wird die Unschuldsvermutung, um sich in der Schuldüberzeugung schließlich vollends aufzulösen".

[70] Dies würde im übrigen auch für die Schwere der Rechtsgutverletzung gelten.

genden Tatverdachts abhängig gemacht; mithin ist Eingriffsvoraussetzung, daß ein hoher Grad von Wahrscheinlichkeit dafür gegeben ist, daß der Tatverdächtige die Tat begangen hat[71]. Gegen den „bloß" Tatverdächtigen ist damit dieses Zwangsmittel unzulässig. Denn die Erforderlichkeit dieses Zwangsmittels zum Zwecke der Sicherung des Erkenntnisverfahrens wird hier durch das Prinzip der Angemessenheit zu Recht dahingehend korrigiert, daß die Anordnung der Untersuchungshaft bei der bloßen Möglichkeit der Tatbegehung wegen ihrer Eingriffsschwere außer Verhältnis zu dem damit verfolgten Zweck steht. Dieses Beispiel zeigt, daß dem Grundsatz der Unschuldsvermutung nicht das generelle Gebot einer Gleichbehandlung von Tatverdächtigen in dem oben beschriebenen Sinne entnommen werden kann[72].

cc) Das Verbot der Schuldantizipation

Aus dem Grundsatz wird allgemein gefolgert, den Tatverdächtigen dürften nicht bereits die „sozialethisch deklassierenden Wirkungen der Strafe" treffen[73]. Das Strafverfahren soll damit nicht die persönlichkeitsmindernde Wirkung der Bestrafung vorwegnehmen und die Würde des Tatverdächtigen über die durch das Schuldfeststellungsverfahren ohnehin bedingten Persönlichkeitseingriffe hinaus antasten[74]. Die Unschuldsvermutung errichtet hier eine Schranke für bestimmte, sich nicht bereits aus der Tatsache bestehenden Tatverdachts und des damit ausgelösten Strafverfahrens ergebender Persönlichkeitsbeeinträchtigungen.

Hieraus folgt das selbstverständliche Verbot, den Tatverdächtigen wie einen Schuldigen zu behandeln[75]. Die Presse hat bei ihrer Berichterstattung alles zu unterlassen, was den Anschein erwecken könnte, man habe es bereits mit einem Verurteilten zu tun[76]. Dieses Verbot betrifft jedoch das „Wie" einer Berichterstattung. Die für uns entscheidende Frage, ob aus der Unschuldsvermutung bereits die Unzulässig-

---

[71] Vgl. Kleinknecht, StPO, § 112, Anm. 2.

[72] Im Ergebnis ebenso Krauß, S. 172, Anm. 49.

[73] Vgl. u. a. Krauß, S. 161; Schorn, Der Schutz der Menschenwürde im Strafverfahren, S. 23.

[74] Vgl. 4. Kap., II 4 a.

[75] Vgl. Kleinknecht, Art. 6 MRK, Anm. 9; Partsch, Die Rechte und Freiheiten der europäischen Menschenrechtskonvention, in: Bettermann / Nipperdey / Neumann, Die Grundrechte, 1. Bd., 1. Halbbd., S. 394.

[76] z. B., indem der Bericht den Tatverdächtigen als überführt darstellt oder ihn als Mörder u. a. bezeichnet, vgl. Appell, S. 62; Brüggemann, AfP 1971, S. 155, 157; KG, 14. 5. 1968, NJW 1968, S. 1969, 1970 („Bordellspion"); ferner auch BGH, 11. 1. 1966, NJW 1966, S. 647 („Reichstagbrand"); dies gilt auch im Fall eines Geständnisses, vgl. dazu OLG Hamm, 6. 1. 1976, „überschießende Qualifizierung des AST als Mörder und Sexualmörder", mitgeteilt in AfP, Rspr.-Übersicht, 1976, S. 32.

keit einer identifizierenden Berichterstattung während eines Ermittlungsverfahrens gefolgert werden kann, wird von diesem Verbot nicht berührt.

Krauß leitet aus dem Grundsatz der Unschuldsvermutung das Verbot der Verfolgung spezial- oder generalpräventiver Ziele des Straf- oder Maßnahmerechts während des Strafverfahrens ab. Es sei nicht Aufgabe des Strafprozesses, auf den Angeklagten erzieherisch oder resozialisierend einzuwirken, schon gar nicht diene das Verfahren dazu, potentielle Straftäter von der Begehung strafbarer Handlungen abzuschrecken[77].

Zunächst einmal soll gefragt werden, ob dem von Krauß angenommenen Verbot überhaupt Bedeutung für das „Ob" einer identifizierenden Berichterstattung zukommen kann. Diese Frage ist bei der Spezialprävention leicht beantwortet. Denn ein Verbot der Verfolgung spezialpräventiver Ziele, also auf den Beschuldigten oder Angeklagten resozialisierend einzuwirken, würde das „Ob" einer identifizierenden Berichterstattung während eines Strafverfahrens unberührt lassen. Hieraus würden lediglich Schranken für das „Wie" einer Berichterstattung folgen[78].

Anders könnte die Beurteilung bei der Generalprävention sein. Die ganz herrschende Meinung nimmt eine generalpräventive Wirkung der Strafrechtsnormen, der Strafdrohung, der Strafverfolgung und -vollstreckung an[79]. Bereits bei der Diskussion um die Einführung der Öffentlichkeit der Hauptverhandlung wurde auch auf den Gesichtspunkt der Generalprävention hingewiesen: „Wenn der Zweck der Androhung der Strafe in der Abschreckung besteht, so trägt dazu die Öffentlichkeit des Verfahrens noch mehr bei, ohne daß der Angeklagte hier zum Mittel herabgewürdigt würde, da nicht er, sondern das Verfahren das Mittel ist[80]." Wegen ihrer weitreichenden Wirkung könnte dies umso mehr von der Publizität der Hauptverhandlung oder eines Ermittlungsverfahrens behauptet werden. Hier könnte ein Grund für eine personale Inanspruchnahme des Tatverdächtigen liegen[81].

Die Annahme einer generalpräventiven Wirkung der Strafrechtsnormen u. a. ist nicht unumstritten, zumindest fraglich ist, ob und wie weitgehend sich eine solche mittels der Medien erzielen läßt. Eisenberg

---
[77] Krauß, S. 161.
[78] z. B. keine moralisierende Art der Berichterstattung, vgl. Appell, S. 65.
[79] Vgl. u. a. Baumann, Strafrecht AT, S. 16; Schmidhäuser, Strafrecht AT, S. 47 ff., 52 ff.; Schönke / Schröder, Strafgesetzbuch, Vorbem. ff., 38 ff., Rdn. 12.
[80] Vgl. Alber, S. 95 mit weiteren Hinweisen; ebenso neuerdings Martens, S. 75.
[81] Vgl. unten IV 1.

weist darauf hin, die Wirkung der Strafrechtsnorm, der Strafdrohung und der Strafvollstreckung einschließlich deren jeweiliger Publizität auf potentielle Straftäter sei kaum erforscht; es liege kein Wissen darüber vor, inwieweit die Praxis der Strafrechtspflege eine generalpräventive Wirkung habe[82]. Speziell zur Medienwirkung der Generalprävention hat Lüscher in seinem Gutachten zur Lebach-Entscheidung ausgeführt, eine Art allgemeinen Abschreckungseffekt (wie er immer wieder als Rechtfertigung für die sich mit Verbrechen befassende Kommunikation angeführt werde) gebe es vermutlich nicht[83]. Einen solchen nimmt dagegen Fuhr ohne nähere Begründung an[84].

Dieses Problem kann jedoch dahinstehen. Auch bei Annahme einer generalpräventiven Wirkung einer Medienpublizität kann die Person des Beschuldigten oder Angeklagten nicht bereits Objekt des kriminalpolitischen Bedürfnisses nach Generalprävention sein. Dies wäre eine über das Schuldfeststellungsverfahren hinausgehende personale Inanspruchnahme, die das sich aus der Unschuldsvermutung ergebende Verbot der Schuldantizipation in Frage stellen würde. Der Tatverdächtige kann als Objekt des Strafzwecks der Generalprävention erst dann in Betracht kommen, wenn seine Schuld festgestellt ist[85]. Denn jede Strafe und damit die Verfolgung eines Strafzweckes setzt die Schuldfeststellung beim Tatverdächtigen voraus[86].

dd) Unschuldsvermutung und Grundsatz der Verhältnismäßigkeit

Im III. Kapitel wurde dargelegt, daß dem Grundsatz der Angemessenheit maßgebende Bedeutung für das „Ob" einer identifizierenden Berichterstattung zukommt. Da dieser Grundsatz seine Wirkung erst durch Orientierung am Sachbereich der Berichterstattung entfaltet, geht es hier um den Zusammenhang der Grundsätze der Unschuldsvermutung und der Verhältnismäßigkeit.

Aus dem Grundsatz der Unschuldsvermutung folgt das Gebot, daß Eingriffe in die Persönlichkeitsrechte des Betroffenen sich daran zu orientieren haben, daß bis zum rechtskräftigen Abschluß des Strafverfahrens mit den Möglichkeiten der Verfahrenseinstellung oder des Freispruches zu rechnen ist. Der Maßstab, der sich aus diesem Orientierungspunkt ergibt, wird unterschiedlich beurteilt. So meinen Kern / Roxin, was einem in Wahrheit Unschuldigen schlechterdings nicht zu-

---

[82] Eisenberg, Kriminologie, S. 142.
[83] Lüscher, in Medienwirkung und Medienverantwortung, S. 148; ebenso Hoffmann-Riem, JZ 1975, S. 473.
[84] Fuhr, ZDF Jahrbuch 1973, S. 96.
[85] Dies gilt im übrigen auch für die Spezialprävention.
[86] Vgl. Schönke / Schröder, Vorbem. §§ 13 ff. Rdn. 103; Vorbem. §§ 38 ff. Rdn. 6.

II. Möglichkeiten presserechtlicher Bindungen

gemutet werden könne, dürfe keinem Verdächtigen vor seiner rechtskräftigen Verurteilung auferlegt werden[87]. Diese Auffassung läuft letztlich auf eine Gleichbehandlung des Tatverdächtigen und des Nicht-Tatverdächtigen hinaus, die jedoch aus dem Grundsatz der Unschuldsvermutung nicht abgeleitet werden kann[88]. Vielmehr ist dem weitergehenden Maßstab von Krauß zuzustimmen, nämlich daß „die den Beschuldigten treffende Belastung im Falle eines Freispruchs ex post als gerade noch zumutbares Sonderopfer eines Unschuldigen angesehen werden kann"[89]. Hier wird ausreichend dem Umstand Rechnung getragen, daß in Persönlichkeitsrechte des Betroffenen mit für ihn möglicherweise weitreichenden Folgen lediglich auf Verdacht eingegriffen wird, andererseits die Tatsache bestehenden Tatverdachts und damit die Veranlassung zum Eingriff berücksichtigt. In dieser Ausprägung stellt sich der Grundsatz der Unschuldsvermutung als Konkretisierung des Prinzips der Angemessenheit dar. An diesem Maßstab ist das „Ob" einer identifizierenden Kriminalitätsberichterstattung während eines Strafverfahrens zu messen.

Die hier der Unschuldsvermutung zukommende zentrale Bedeutung für eine identifizierende Berichterstattung während eines Strafverfahrens wird von der Literatur und Rechtsprechung fast ausnahmslos nicht gesehen[90]. Maßgebend dafür dürften in erster Linie folgende Gründe sein. Überwiegend wird die Problematik allein in der Frage gesehen, ob eine Person wegen einer Straftat dem „Bereich der Zeitgeschichte" gem. § 23 I, Ziff. 1 KUG zugeordnet oder — entsprechend der Terminologie Neumann-Duesbergs — als relative oder gar absolute Person der Zeitgeschichte qualifiziert werden kann. Die Sicht ist verengt auf die Auslegung des kunsturheberrechtlichen Begriffs der „Zeitgeschichte". Dabei wird die Orientierung am konkreten Sachbereich der Kriminalitätsberichterstattung übersehen und damit bei der Berichterstattung die Möglichkeit einer Einflußnahme durch Grundsätze wie den der Unschuldsvermutung nicht erkannt[91].

---

[87] Kern / Roxin, Strafverfahrensrecht, S. 53.
[88] Vgl. oben 4 c dd; ablehnend auch Mrozynski, JZ 1978, S. 256.
[89] Krauß, S. 176.
[90] Ansätze finden sich bei OLG Stuttgart, S. 130 („Brutaler Übereifer"); und bei Lampe, S. 218, letzterer jedoch zu weitgehend und auf das Ermittlungsverfahren beschränkt, vgl. zur Ablehnung oben S. 108.
[91] Vgl. u. a. Neumann-Duesberg, Juristen-Jahrbuch 1966/67, S. 146 und S. 152; ders. JZ 1960, S. 117; von Gamm, UrhG, Rdn. 118; Ulmer, S. 40; Koebel, MDR 1972, S. 10; Staudinger, § 823 Anm. 203/204; OLG München, S. 658 („Lebensmittelskandal"); OLG Nürnberg, S. 412 („Notar"); BGH, 5. 3. 1963, NJW 1963, S. 904 („Drahtzieher"); wohl auch nicht vom OLG Köln, 8. 7. 1975 (Namensnennung) und OLG Schleswig, 21. 5. 1975, jeweils mitgeteilt in AfP Rspr.-Übersicht 1975, S. 29; OLG Hamm, 5. 2. 1976 und KG, 30. 4. 1976, mitgeteilt in AfP Rspr.-Übersicht 1976, S. 32 bzw. S. 33.

Soweit vor allem in der neueren Rechtsprechung der Grundsatz der Unschuldsvermutung Erwähnung findet, wird ihm nicht die oben dargelegte Bedeutung zugestanden[92]. So hat das BVerfG „Lebach" aus dem Grundsatz lediglich gefolgert, auch er gebiete eine entsprechende Zurückhaltung, womit wohl das „Ob" einer identifizierenden Berichterstattung gemeint ist, mindestens eine angemessene Berücksichtigung der zu der Verteidigung des Angeklagten vorgetragenen Tatsachen und Argumente[93], letzteres bezieht sich ausschließlich auf das „Wie" einer Berichterstattung. Die Gründe dafür dürften darin liegen, daß man sich bisher zu wenig mit diesem Grundsatz auseinandergesetzt hat, möglicherweise auch in der Annahme eines allgemeinen Vorranges des Informationsinteresses für eine aktuelle Berichterstattung über Straftaten[94].

III. Die Interessen des Tatverdächtigen

1. Die unmittelbar eigenen Interessen

Der Tatverdächtige selbst kann aus verschiedenen Gründen ein Interesse auf Unterbleiben einer identifizierenden Berichterstattung haben. Er wird sich zumeist darauf berufen, die öffentliche Darstellung des gegen ihn bestehenden Tatverdachts gefährde bzw. beeinträchtige seine persönliche oder geschäftliche Ehre. Oftmals wird er darüber hinaus und vor allem geltend machen, die Publizität gefährde, wenn nicht gar vernichte seine wirtschaftliche Existenz oder behindere ihn in seinem beruflichen Fortkommen. Denkbar ist auch eine Gefährdung seiner persönlichen Sicherheit, falls offenkundig wird, daß gegen ihn wegen einer Straftat ermittelt wird[1]. Sämtliche dieser Interessen sind

---

[92] Vgl. KG, S. 1969 („Bordellspion"); OLG Braunschweig, S. 346 („Hehler"); BVerfGE 35, S. 232 („Lebach"); KG, 11. 7. 1975, mitgeteilt in AfPRspr.-Übersicht 1975, S. 30; auch nicht vom OLG München, S. 94 („Taxifahrer"), das eine Bildpublizität wegen „Fehlens eines begründeten Interesses am Aussehen des Kl." ablehnt, vgl. dazu 3. Kap., II 5 a, widersprüchlich jedoch den Kl. als rel. Person der Zeitgeschichte qualifiziert.

[93] S. 232.

[94] Vgl. dazu näher unten IV 2; demgegenüber mißt das BVerfG „Lebach" dem Resozialisierungsprinzip für eine Medienberichterstattung über einen noch inhaftierten Straftäter eine hohe Bedeutung zu, S. 233 ff. Dies führt zu einer bemerkenswerten Konsequenz, nämlich daß der Persönlichkeitsschutz des einsitzenden Straftäters weitreichender ist als derjenige des Tatverdächtigen (Privilegierung der aktuellen Berichterstattung), vgl. S. 233; vgl. in diesem Zusammenhang auch die Kritik von Fuhr, der dem BVerfG eine nicht vertretbare Privilegierung des einsitzenden Straftäters gegenüber allen anderen Straffälligen, bei denen es zu einer Haftstrafe nicht gekommen sei, vorwirft, ZDF-Jahrbuch 1973, S. 92, und OLG Hamburg, S. 138 („Banklady").

[1] Vgl. dazu BGH, 24. 10. 1961, LM § 823 (Ah) BGB Nr. 13 („Waffenhandel") und OLG Stuttgart, S. 130 („Brutaler Übereifer").

III. Die Interessen des Tatverdächtigen

vom Diskretionsschutz umfaßt[2]. Sie bilden einen Maßstab zur Beurteilung der Eingriffsschwere.

2. Die Berücksichtigung von Drittinteressen

Fraglich ist, ob neben den eigenen Interessen des Tatverdächtigen auch Interessen Dritter zu berücksichtigen sind. Dies könnte den Schutz des Tatverdächtigen vor öffentlicher Darstellung verstärken. Als denkbare Drittinteressen kommen einmal staatliche Interessen, wie das Interesse an ungestörter staatlicher Ermittlungstätigkeit oder das Interesse an vorrangiger behördlicher Untersuchung in Fällen, in denen es um den Verdacht strafbarer Handlungen im Zusammenhang mit der Erfüllung einer öffentlichen Aufgabe geht, zum anderen private Interessen, beispielsweise von Familienangehörigen des Tatverdächtigen, in Betracht.

Nach Hubmann soll ein Interesse dort zu berücksichtigen sein, wo durch den Sachverhalt selbst eine enge Interessenverknüpfung geschaffen ist, sog. Interessenidentität[3]. Diese wird man hier nur dann annehmen können, falls das Drittinteresse in den Schutzbereich des Interesses des Tatverdächtigen einbezogen werden kann. Im Falle des Interesses von Familienangehörigen ist eine Interessenidentität zu bejahen[4]. Etwaige nachteilige Folgen einer identifizierenden Berichterstattung wirken sich auch zu Lasten der Familienangehörigen aus, an deren Schutz der Tatverdächtige ein selbstverständliches Interesse hat. Eine Interessenidentität ist dagegen bei den oben erwähnten staatlichen Interessen nicht ersichtlich. Hier geht es ausschließlich um das Interesse an Vermeidung von Störungen der Strafverfolgungstätigkeit durch Pressepublizität[5] bzw. um ein Interesse an behördeninterner Abklärung eines Tatverdachts[6]; es läßt sich schwerlich behaupten, diese Interessen seien in den Schutzbereich der Interessen des Tatverdächtigen einbezogen.

---

[2] Vgl. 1. Kap., IV.

[3] Hubmann, AcP 155, S. 106.

[4] Die Einbeziehung der Interessen von Familienangehörigen eines von einer Ausweisung betroffenen Ausländers bei der Abwägung des öffentlichen und privaten Interesses und damit eine Interessenidentität bejaht z. B. die Rspr. zum Ausweisungsrecht, vgl. BVerwG DVBL 1970, 807.

[5] Vgl. dazu Engels, Rechtspflege und Massenmedien, 1972.

[6] Im übrigen ist ein Vorrang behördlicher Untersuchung gegenüber einem öffentlichen Informationsinteresse abzulehnen; gerade hier ist umgekehrt dem Informationsinteresse ein Vorzug einzuräumen, vgl. unten S. 125; ebensowenig kann grds. ein Vorrang gegenüber öffentlicher Kritik anerkannt werden, vgl. Arzt, S. 45 und zu Ausnahmen BGHSt 20, 342, 363 f.

3. Der Persönlichkeitsschutz der gewerblichen Betätigung

Der BGH „Waffenhandel" und ihm folgend das OLG Braunschweig „Hehler" nehmen an, daß der Persönlichkeitsschutz der gewerblichen Betätigung nicht so weitreichend ist wie der des privaten Bereichs[7]. Sie stützen diese Behauptung darauf, daß das Wirken des Menschen im Berufs- und Erwerbsleben sich im allgemeinen nicht in einer Geheimsphäre, sondern begrenzt öffentlich vollziehe. Nach dieser Auffassung macht es daher einen Unterschied, ob eine Straftat im Zusammenhang mit einer gewerblichen Betätigung begangen wurde oder nicht.

Die hier gemeinte Öffentlichkeit ist diejenige der Sozialsphäre im Sinne der Sphärentheorie[8]. Weshalb eigentlich sollen Ereignisse, Handlungen u. a. aus der Sozialsphäre weniger Schutz vor Publizität genießen als solche aus der Privat- oder Intimsphäre? Mit dem Hinweis, die gewerbliche Betätigung vollziehe sich begrenzt öffentlich, läßt sich das gewünschte Ergebnis einer unterschiedlichen Ausgestaltung des Persönlichkeitsschutzes vor Publizität sicher nicht begründen. Denn die Tatsache von Öffentlichkeit im Sinne der Sozialsphäre besagt nichts über den Umfang des Diskretionsschutzes vor Pressepublizität[9]. Ferner wird der Begriff „öffentlich" auch hier in einem räumlich-gegenständlichen Sinne verstanden. Vollzieht sich daher die gewerbliche Betätigung einer Person nicht öffentlich, im „geheimen", greift die obige Schlechterstellung des Persönlichkeitsschutzes nicht ein. Die Lösung des Diskretionsschutzes mit einem so verstandenen Begriff „öffentlich" führt hier zu ebenso unhaltbaren Differenzierungen wie die Auffassung Kienapfels zum Schutz der Privatsphäre[10]. Die Auffassung des BGH „Waffenhandel" ist daher abzulehnen[11].

IV. Die öffentlichen Interessen an Publizität

Mit der von ihr abgelehnten Beschränkung des Anwendungsbereiches des § 23 I, Ziff. 1 KUG auf „Personen des öffentlichen Lebens" und „bewußt öffentlich-private Personen" hat die ganz h. M. die Möglichkeit einer personalen Inanspruchnahme auch des Tatverdächtigen eröffnet, mehr aber auch nicht. Um konkrete Aussagen über das „Ob" einer identifizierenden Berichterstattung treffen zu können, muß man

---

[7] BGH, LM § 823 (Ah) BGB Nr. 13; OLG Braunschweig, S. 347.
[8] Vgl. 3. Kap., II 3 b.
[9] Vgl. dazu auch 3. Kap., II 3 b.
[10] Vgl. 4. Kap., I.
[11] Im Ergebnis ist diese Entscheidung auch deshalb abzulehnen, weil sich die publizierte gewerbliche Betätigung des Bankhauses gerade nicht öffentlich vollzog.

IV. Die öffentlichen Interessen an Publizität

erst wissen, welche Gründe für eine Inanspruchnahme des Tatverdächtigen sprechen können.

1. Gründe personaler Inanspruchnahme

Die überwiegende Rechtsprechung und Literatur bejaht unter bestimmten, unten noch näher darzulegenden Voraussetzungen die Zulässigkeit einer identifizierenden Berichterstattung bei Straftaten[1]. Auffallend ist das geringe Bemühen um eine tragfähige Begründung personaler Inanspruchnahme des Betroffenen. Oftmals wird damit argumentiert, die Straftat habe in der Öffentlichkeit großes Aufsehen erregt[2] oder man weist, teilweise ergänzend, darauf hin, Personen, die wegen ihrer verbrecherischen Handlungen überall Ablehnung und Abscheu hervorriefen, müßten es in Kauf nehmen, durch die Veröffentlichung ihrer Bilder an eine Art modernen Pranger gestellt zu werden, zumal sie das Interesse der Öffentlichkeit selbst veranlaßt hätten[3]. Bei letzterer Begründung bleibt unklar, ob sich diese auf bereits rechtskräftig verurteilte Personen beschränkt. Sollte dies nicht der Fall sein, wäre sie bereits wegen des Grundsatzes der Unschuldsvermutung nicht haltbar. Denn sie geht von der bestehenden Tatsache einer verbrecherischen Handlung der Person aus[4]. Auch die „Erregung der Öffentlichkeit" vermag eine personale Inanspruchnahme nicht zu begründen. Im Grunde wird hier der Zulässigkeit einer identifizierenden Berichterstattung über Sensationsfälle das Wort geredet[5]. Dies läßt sich nur schwer in Einklang bringen mit der andererseits vertretenen These, ein berechtigtes Informationsinteresse entfalle, falls die Bildbericht-

---

[1] Vgl. die im 3. Kap., II 2 Anm. 26 und 4. Kap., II 4 c Anm. 91 zitierte Rspr. und Lit.; ferner Maul, MDR 1970, S. 287; Kühle, AfP 1973, S. 356; OLG Schleswig, 21. 5. 1975, mitgeteilt in AfP Rspr.-Übersicht 1975, S. 29 f.; generell dagegen vor allem Eb. Schmidt, Justiz und Publizistik, S. 23 ff.; Schwerdtner, S. 214 ff.; lediglich für das Ermittlungsverfahren ablehnend Lampe, S. 218 und Bußmann, JR 1955, S. 205.
[2] Vgl. u. a. OLG München, NJW 1963, S. 659 („Lebensmittelskandal"); OLG Nürnberg, MDR 1963, S. 412 („Notar"); OLG Frankfurt, AfP 1976, S. 181; OLG Hamburg, AfP 1976, S. 139 („Banklady"); KG, 30. 4. 1976, mitgeteilt in AfP Rspr.-Übersicht 1976, S. 33; von Gamm, UrhG, Einf. Rdn. 118; Neumann-Duesberg, Juristen-Jahrbuch 1966/67, S. 146.
[3] So OLG Frankfurt- S. 462; Neumann-Duesberg, Juristen-Jahrbuch 1966/67, Werhahn, S. 41.
[4] Vgl. auch die Wortwahl „Schwerverbrecher" bzw. „Rechtsbrecher" bei der oben zitierten Lit. und Rspr.
[5] Deutlich Lampe, NJW 1973, S. 219 für die Namenspublizität; vgl. zu den Gründen des Entstehens von „Sensationsprozessen" die Untersuchung von Behr, Der Sensationsprozeß, 1968, Kriminologische Schriftenreihe, Bd. 36; Behr weist zu Recht darauf hin, daß „Sensationsfälle" von der Presse aus Absatzgründen „gemacht" werden, falls ein Informationsbedürfnis der breiten Öffentlichkeit vermutet werden kann, S. 254 ff.

erstattung ausschließlich oder überwiegend der Befriedigung eines Sensationsinteresses diene[6]. Darüber hinaus liegt in dieser Argumentation eine gefährliche Tendenz. Denn ein Abstellen auf die durch eine Straftat hervorgerufene Erregung der Öffentlichkeit hieße letztlich, den Persönlichkeitsschutz des Tatverdächtigen der allgemeinen Volksstimmung preiszugeben. Es versteht sich von selbst, daß dies mit rechtsstaatlichen Grundsätzen unvereinbar ist. Die strafprozessualen Zwangsmittel sehen daher die Berücksichtigung dieses Umstandes nicht vor, ganz im Gegensatz zum Dritten Reich, als § 112 StPO dahin geändert wurde, daß trotz Fehlens sonstiger Haftgründe eine Untersuchungshaft angeordnet werden durfte, „wenn es mit Rücksicht auf die Schwere der Tat und die durch sie hervorgerufene Erregung der Öffentlichkeit nicht erträglich gewesen wäre, den Beschuldigten in Freiheit zu lassen"[7].

Weiter haben die Ausführungen zum Aufgabenvorbehalt des Staates gezeigt, daß das öffentliche Interesse an Aufklärung von Straftaten nicht als ein Faktor zur Bestimmung eines Vorrangs identifizierender Berichterstattung während eines Ermittlungsverfahrens in die Interessenabwägung mit einbezogen werden kann. Entgegen der Auffassung des OLG Braunschweig „Hehler" ist der Presse die Wahrnehmung dieses Interesses wegen des staatlichen Ermittlungsvorbehalts versagt[8].

Das BVerfG „Lebach" weist für das öffentliche Informationsinteresse an identifizierender Berichterstattung auch auf die „Furcht vor Wiederholung solcher Straftaten und (dem) Bestreben, dem vorzubeugen" und damit ganz offensichtlich auf eine generalpräventive Wirkung einer Berichterstattung hin[9]. Dieser für eine Medienberichterstattung nach rechtskräftigem Abschluß eines Strafverfahrens herangezogene Gesichtspunkt kann nicht auf eine identifizierende Berichterstattung während eines Ermittlungsverfahrens übertragen werden. Denn durch diese wird nicht nur das Verfahren, sondern gerade auch die Person des Tatverdächtigen Objekt der Berichterstattung. Als Objekt einer Berichterstattung aus generalpräventiven Zwecken scheidet der Tatverdächtige jedoch aus. Dies hat das aus dem Grundsatz der Unschuldsvermutung abzuleitende Verbot der Schuldantizipation gezeigt[10].

---

[6] Vgl. 3. Kap., II 3 d bb.

[7] Durch Art. 5 des Gesetzes zur Änderung von Vorschriften des Strafverfahrens v. 28. 6. 1935; vgl. dazu Bockelmann, NJW 1960, S. 217, 220.

[8] S. 347.

[9] BVerfGE 35, S. 231; eine generalpräventive Wirkung wird jedoch im konkreten Fall für die Form eines Dokumentarspiels in Frage gestellt, zumindest läßt sich nach Auffassung des Gerichts damit die Ausstrahlung des Dokumentarspiels nicht rechtfertigen, S. 243.

[10] Vgl. 4. Kap., II. 4 c dd; zu Recht wird dieser Gesichtspunkt vom OLG Braunschweig („Hehler") nicht berücksichtigt, S. 347.

IV. Die öffentlichen Interessen an Publizität

Nach Auffassung des BVerfG „Lebach" soll maßgebend weiter das legitime demokratische Bedürfnis nach Kontrolle der für die Sicherheit und Ordnung zuständigen Staatsorgane und Behörden sein[11]. Ob dies zutrifft, läßt sich nur entscheiden, wenn man sich über die Funktion der Kontrolle staatlicher Organe durch Publizität im klaren ist. Aus dem demokratischen Prinzip der „Mitwirkung aller im Sinne von Gestaltung und Kontrolle durch Kritik"[12] folgt, daß staatliche Aufgabenerfüllung, weil deren Erfüllung alle angeht, grundsätzlich auf Öffentlichkeit angelegt ist[13]. Denn nur so läßt sich dieses demokratische Prinzip verwirklichen. Damit ist einmal die unmittelbare Öffentlichkeit weiter Bereiche staatlichen Handelns gefordert, wie die Raumöffentlichkeit der Parlamente des Bundes und der Länder, der kommunalen Vertretungskörperschaften und der Gerichte. Auf diese unmittelbare Öffentlichkeit ist das Öffentlichkeitsprinzip nicht beschränkt. Vielmehr besagt es auch und — wie beispielsweise bei der Gerichtsöffentlichkeit — vor allem mittelbare Öffentlichkeit durch Medienpublizität, da durch unmittelbare Raumöffentlichkeit nur die „Mitwirkung Weniger" erreicht werden könnte[14]. Von daher kommt in der Tat der Medienpublizität in und zur Wahrnehmung der Funktion der Kontrolle staatlicher Organe ein hoher Stellenwert zu. Diese Funktion von Publizität ist jedoch ihrer Aufgabe entsprechend auf den staatsbezogenen Bereich beschränkt. Hier kann Kontrolle staatlicher Organe möglicherweise nicht nur die Offenlegung des Gegenstandes, sondern auch des Trägers staatlichen Handelns fordern[15]. Dieser Gedanke gewinnt Bedeutung bei den „Personen des öffentlichen Lebens" und den sog. „Privatpersonen", sofern diese ebenfalls wie die erstgenannte Personengruppe öffentlich-staatsbezogene Aufgaben wahrnehmen, für Straftaten, auf die sich diese Funktion von Öffentlichkeit erstreckt[16]. Bei den „bewußt öffentlich-privaten Personen" und denjenigen „Privatpersonen", die lediglich einen allgemein gesellschaftlichen Bezug aufweisen, kann dagegen die Kontrollfunktion grundsätzlich nicht zur Rangbestimmung identifizierender Berichterstattung herangezogen werden. Eine Ausnahme ist denkbar, wenn die Ermittlungsbehörde gerade wegen der Person des Tatverdächtigen ein Ermittlungsverfah-

---

[11] S. 231; ähnlich Neumann-Duesberg, JZ 1960, S. 116/117; ablehnend OLG München, S. 659 („Lebensmittelskandal").
[12] P. Schneider, Gutachten, S. 56.
[13] Vgl. u. a. P. Schneider, Gutachten, S. 54 ff.; Windsheimer, Information, S. 52 ff. („Grundsatz in dubio pro publico").
[14] Vgl. auch 4. Kap., II 2 a.
[15] Vgl. allgemein zu den Schranken des Öffentlichkeitsprinzips, Windsheimer, Information, S. 53 („Staats- und Amtsgeheimnisse"); ferner Martens, S. 70 ff. und P. Schneider, Gutachten, S. 56 f.
[16] Vgl. dazu näher unten V 3 b.

ren nicht einleiten will[17]. Eine wirksame Kontrolle der Strafverfolgungsorgane auf Einhaltung des Legalitätsprinzips kann hier die Presse auch zu einer personalen Inanspruchnahme des Tatverdächtigen durch identifizierende Berichterstattung berechtigen. Die Möglichkeit eines Klagerzwingungsverfahrens nach § 172 ff. StPO steht dem nicht entgegen. Eine effektive Kontrolle der Strafverfolgungsorgane gewährleistet dieses Verfahren nicht. Es scheidet bereits bei Straftaten, durch die keine Einzelperson verletzt wurde, aus und ist andererseits von einer Initiative des Verletzten abhängig.

Das BVerfG „Lebach" begründet das öffentliche Interesse schließlich mit der Verletzung der allgemeinen Rechtsordnung, der Beeinträchtigung von Rechtsgütern der betroffenen Bürger oder der Gemeinschaft[18]. Damit wird ein Gesichtspunkt angeschnitten, dem bereits bei der normativen Bestimmung der Öffentlichkeitssphäre Bedeutung zukam. Dort wurde dargelegt, daß Angelegenheiten, die „Belange des Gemeinschaftslebens" betreffen, von öffentlichem Interesse sind[19]. Straftaten gehen die Allgemeinheit bereits durch die Tatsache einer durch die Tatbegehung ausgelösten Beeinträchtigung der mit den Normen des StGB geschützten Rechtsgüter nahe an. Dies bedarf bei solchen Rechtsgütern, deren Träger bereits die Allgemeinheit oder der Staat ist, keiner näheren Begründung[20]. Fraglich könnte dies bei Rechtsgütern sein, die ausschließlich ein Individuum zum Rechtsgutträger haben. Jedoch erfolgt ihr Schutz auch im Interesse der Allgemeinheit, weil zum einen die Allgemeinheit aus vielen Einzelnen besteht und schon deshalb am Schutz der Individuen nicht uninteressiert sein kann, zum anderen Schutzinteressen der Allgemeinheit und des Einzelnen oftmals voneinander abhängen[21]. So ist ein kapitalistisches Wirtschaftssystem nicht denkbar ohne den Schutz von Privateigentum, der Schutz des Rechtsguts Eigentum dient damit auch der Gewährleistung dieses Wirtschaftssystems und liegt folglich im Interesse der Allgemeinheit. Straftaten gehen die Allgemeinheit ferner deshalb an, weil sich durch die Tatsache staatlicher Reaktion auf die Rechtsguts-

---

[17] Außer die Behörde ist zum Einschreiten nicht berechtigt, z. B. wegen Verjährung oder Immunität (Art. 46 II, IV GG); vgl. auch Lampe, der eine Kontrollfunktion der Presse bei Verhaftungen und deshalb eine Bildpublizität zugunsten des Verhafteten bejaht, ablehnend dazu 4. Kap., II 4 c.

[18] S. 231.

[19] 3. Kap., II 3 c.

[20] Vgl. zum dualistischen Rechtsgütersystem der wohl h. M. unten V 3 b Anm. 45.

[21] Ähnlich Schmidhäuser, AT, S. 37, „Lebensgüter des Einzelnen sind mittelbar auch Lebensgüter der Gesellschaft, insofern nämlich, als ein gedeihliches Leben der Gesellschaft immer davon abhängt, daß auch die einzelnen Menschen, jedenfalls in großer Mehrheit, unter erträglichen Umständen leben"; vgl. ferner Hassemer, Theorie und Soziologie des Verbrechens, S. 231.

verletzung und Sanktion mittels der strafrechtlichen Rechtsfolgen zeigen soll, ob sich die Schutzfunktionen des Strafrechts bewähren. Damit ist ein allgemeiner Grund für eine mögliche personale Inanspruchnahme eines Tatverdächtigen gefunden, weil der Gegenstand der Berichterstattung einen Sachbereich betrifft, der die Allgemeinheit „nahe angehen" sollte und damit von öffentlichem Interesse ist.

2. Allgemeiner Vorrang des öffentlichen Interesses?, insbes. das Problem der aktuellen Berichterstattung

Für eine aktuelle Berichterstattung, insbesondere aus Anlaß der Begehung der Tat, der Verfolgung und Ergreifung des Tatverdächtigen, des gegen ihn betriebenen Verfahrens und seiner Aburteilung, wird heute dem Informationsinteresse im allgemeinen der Vorrang eingeräumt, im Gegensatz zu einer späteren Berichterstattung, die nicht mehr der Befriedigung eines aktuellen Informationsinteresses diene[22]. Diese Privilegierung der aktuellen Berichterstattung wird nicht näher begründet, sondern auf die Behauptung des BVerfG „Lebach" gestützt, wer den Rechtsfrieden bricht, durch diese Tat und ihre Folgen Mitmenschen oder Rechtsgüter der Gemeinschaft angreift oder verletzt, müsse sich auch anderen Sanktionen als denen des Strafrechts beugen[23].

Dagegen ist bereits einzuwenden, daß sich damit ebenso gut ein allgemeiner Vorrang für eine spätere Berichterstattung begründen läßt. Vor allem trägt diese Behauptung die Annahme eines allgemeinen Vorranges des Informationsinteresses während eines Strafverfahrens nicht, ganz im Gegenteil: wenn man eine Person anderen Sanktionen als denen des Strafrechts unterwerfen will, weil sie den Rechtsfrieden gebrochen hat, dann doch erst dann, wenn dies feststeht[24]. Dies folgt aus dem Grundsatz der Unschuldsvermutung. Auch hier bestätigt sich die bereits oben getroffene Feststellung, daß dieser Grundsatz entweder nicht gesehen oder in seiner Bedeutung verkannt wird.

Es sind auch keine anderen Gründe ersichtlich, die zu einem allgemeinen Vorrang des Informationsinteresses führen könnten. Die obigen Ausführungen haben gezeigt, daß sich die Presse grundsätzlich nur auf den letzten Gesichtspunkt als möglichen Grund personaler Inanspruchnahme des Tatverdächtigen berufen kann. Eine Kumulation öffentlicher Interessen und damit ein Vorzugsprinzip zu Gunsten einer iden-

---

[22] Staudinger, Rdn. 203/204; OLG Schleswig, AfP Rspr.-Übersicht 1975, S. 29.
[23] S. 231.
[24] Ablehnend auch Hoffmann-Riem, Medienwirkung und Medienverantwortung, S. 51.

tifizierenden Berichterstattung während eines Ermittlungsverfahrens besteht daher nicht. Eine Ausnahme ist jedoch insoweit zu machen, als sich die Presse berechtigterweise auch auf die Wahrnehmung des Interesses an Kontrolle staatlicher Organe berufen kann.

V. Das Prinzip des überwiegenden öffentlichen Interesses bzw. der Angemessenheit des Eingriffs

1. Der Tatverdacht

Die bisherige Untersuchung hat nicht ergeben, daß eine identifizierende Berichterstattung generell erst mit der Eröffnung des Hauptverfahrens oder gar erst mit rechtskräftigem Abschluß eines Strafverfahrens zulässig ist. Weder der Auslegung des „Bereichs der Zeitgeschichte" noch dem Grundsatz der Unschuldsvermutung, der differenzierten Ausgestaltung des Ermittlungsverfahrens einerseits und der Hauptverhandlung andererseits oder der Auslegung des § 81 b StPG waren insoweit generelle Zulässigkeitsschranken zu entnehmen. Die ganz h. M. bejaht daher zu Recht auch während eines Strafverfahrens die Möglichkeit einer identifizierenden Berichterstattung[1]. Anknüpfungspunkt ist der gegen den Betroffenen bestehende Verdacht einer strafbaren Handlung. Hier stellt sich zum einen die Frage, ob der Betroffene Beschuldigter sein muß, ferner welche Anforderungen an den Tatverdacht zu stellen sind, ob beispielsweise generell „dringender Tatverdacht" zu fordern ist.

a) Orientierung an der Beschuldigteneigenschaft?

Die StPO unterscheidet in Bezug auf die von Zwangsmaßnahmen während eines Ermittlungsverfahrens Betroffenen zwischen Beschuldigten, Verdächtigen und anderen Personen[2]. Diese Differenzierung dient vor allem dem Schutz von Verdächtigen und anderen Personen, die nicht den gleichen Eingriffen wie Beschuldigte ausgesetzt sein sollen[3]. So setzen schwerwiegende Eingriffe in die Rechtssphäre des Tatverdächtigen, wie beispielsweise die Anordnung der Untersuchungshaft, stets dessen Eigenschaft als Beschuldigten voraus. Die StPO definiert den Begriff des Beschuldigten nicht, sondern beschränkt sich in § 157 StPO darauf festzulegen, in welchem Verfahrensstadium der Be-

---
[1] Vgl. die Hinweise 3. Kap., I 2 Anm. 26, 4. Kap., I 4 c Anm. 91 und IV Anm. 1.
[2] Vgl. z. B. §§ 81, 81 a, 100 a, 112, 131 StPO (Beschuldigte); § 102 StPO (Tatverdächtige); §§ 81 c, 100 a StPO (andere Personen).
[3] Vgl. Bach, NJW 1962, S. 1001; Fuss, Wacke-Festschrift, S. 306.

V. Das Prinzip des überwiegenden öffentlichen Interesses

schuldigte als Angeschuldigter bzw. Angeklagter zu bezeichnen ist. Nach ganz h. M. ist als Beschuldigter derjenige Tatverdächtige zu qualifizieren, der Objekt der staatlichen Strafverfolgung ist, gegen den also das Verfahren als Verantwortlichen betrieben wird[4]. Der Wechsel vom Tatverdächtigen zum Beschuldigten wird dabei von einem entsprechenden Willensakt des Ermittlungsbeamten abhängig gemacht[5]. Als weitere Voraussetzung wird gefordert, daß sich der Verdacht gegen den Betroffenen verdichtet habe, daß dieser vom Standpunkt eines objektiven Betrachters in der Rolle des Ermittlungsbeamten als der wahrscheinliche Täter angesehen werden kann, mithin ein zur Wahrscheinlichkeit der Tatbegehung verdichteter Tatverdacht gegeben ist[6].

Wegen der oben dargelegten Gefährdung oder Beeinträchtigung vor allem ideeller und wirtschaftlicher Interessen des Betroffenen und damit wegen der Eingriffsschwere einer identifizierenden Berichterstattung ist hier ebenfalls dessen Qualifizierung als Beschuldigter in dem vorbezeichneten Sinne zu fordern[7]. Dies folgt aus den Grundsätzen der Angemessenheit und der Unschuldsvermutung. Es wäre auch wenig einleuchtend, bereits den Tatverdacht als ausreichende Grundlage einer personalen Inanspruchnahme anzusehen, wenn die StPO bei schwerwiegenden Eingriffen in die Rechtssphäre des Tatverdächtigen stets dessen Eigenschaft als Beschuldigten fordert, vor allem aber auch im Hinblick auf § 81 b StPO. Diese Bestimmung gestattet die Aufnahme von Lichtbildern des Beschuldigten gegen dessen Willen, soweit dies für die Zwecke der Durchführung des Strafverfahrens oder des Erkennungsdienstes notwendig ist[8]. Wie auch bei der Bildpublizität wird hier in das Persönlichkeitsrecht des Betroffenen am eigenen Bild eingegriffen und sein Selbstbestimmungsrecht darüber eingeschränkt, wobei dieser Eingriff weniger schwer wiegt als der einer identifizierenden Berichterstattung.

Aus dieser Orientierung an der Beschuldigteneigenschaft des Betroffenen folgt ferner, daß nach Einstellung des Ermittlungsverfahrens

---

[4] BGHST 10, S. 8, 12; Peters, Lehrbuch, S. 172 f.; Kleinknecht, StPO, Einf. 3 B; nach weitergehender Ansicht soll bei § 81 b StPO der Begriff des Beschuldigten jede Person umfassen, die einer bestimmten Straftat irgendwie verdächtig ist, so u. a. Eb. Schmidt, LK Teil II, § 81 b Edn. 7, Kohlhaas, Körperliche Untersuchung, S. 11 ff.; dagegen vor allem Bach, S. 1000.
[5] Arzt, Kriminalistik 1970, S. 380; Kleinknecht, Einf. 3 B; a. A. von Gerlach, NJW 1969, S. 779; fehle ein solcher Willensakt, werde der Betroffene „automatisch" zum Beschuldigten, wenn eine gewisse Konkretisierung des Verdachts eintrete.
[6] Vgl. Fuss, S. 308; von Gerlach, S. 780.
[7] Ebenso OLG Stuttgart („Brutaler Übereifer"), S. 130; unklar OLG Braunschweig („Hehler"), da die Berichterstattung zu einem Zeitpunkt erfolge, als gegen den Betroffenen noch kein Ermittlungsverfahren eingeleitet war, S. 343.
[8] Vgl. dazu 4. Kap., II 1.

eine identifizierende Berichterstattung grundsätzlich nicht mehr zulässig ist. Denn mit der Verfahrenseinstellung verliert der Betroffene die Eigenschaft als Beschuldigter, er bleibt allenfalls der Tat verdächtig[9].

Diese Ausrichtung des „Ob" einer identifizierenden Berichterstattung an der Beschuldigteneigenschaft des Betroffenen gilt jedoch nicht ausnahmslos. Eine Ausnahme ist denkbar, wenn die Ermittlungsbehörde gerade wegen der Person des Tatverdächtigen ein Ermittlungsverfahren nicht einleiten will bzw. wieder einstellt, ohne daß sachliche Erwägungen dafür maßgebend sind[10]. Hier kann eine wirksame Kontrolle der Strafverfolgungsorgane auf Einhaltung des Legalitätsprinzips auch zu einer personalen Inanspruchnahme des Tatverdächtigen durch identifizierende Berichterstattung berechtigen[11]. Eine zweite Ausnahme ist möglich bei den „Personen des öffentlichen Lebens" für Straftaten, deren Begehung in unmittelbarem Zusammenhang mit der Erfüllung einer staatlichen Aufgabe steht oder die — bei fehlendem Sachzusammenhang — Rückschlüsse auf die Eignung dieser Personen zu dem sie ausübenden öffentlichen Amt zulassen, falls die Verfahrenseinstellung auf der Anwendung des Opportunitätsprinzips nach den §§ 153 ff. StPO beruht. Dies folgt aus der Funktion von Publizität im staatsbezogenen Bereich[12]. Drittens ist eine Ausnahme möglich bei Vorliegen eines Verfahrenshindernisses, so falls das Verfahren wegen Verjährung eingestellt wird und der Straftat ein besonderer Öffentlichkeitswert zukommt[13].

Ein besonderes Problem stellt in diesem Zusammenhang das Verfahrenshindernis der Immunität dar. Die Art. 46 II - IV GG gewährleisten den Bundestagsabgeordneten die nur mit Genehmigung des Bundestags aufhebbare, zeitlich auf die Dauer des Mandats beschränkte Freiheit von Strafverfolgung und jeder anderen staatlichen Beeinträchtigung ihrer persönlichen Freiheit, sog. Immunität[14]. Aus dem Schutzzweck der Immunität selbst läßt sich ein Verbot identifizierender Be-

---

[9] Vgl. Bach, S. 1000.
[10] Anders wenn die Behörde zum Einschreiten nicht berechtigt ist, z. B. wegen Verjährung oder Immunität bzw. ein Einstellungsgrund vorliegt, vgl. dazu Kleinknecht, StPO, § 170 Anm. 3.
[11] Vgl. 4. Kap., IV 1.
[12] Vgl. 4. Kap., IV 1.
[13] Denkbar z. B. bei den NS-Gewaltverbrechen, soweit eine Verjährung in Betracht kommt; vgl. in diesem Zusammenhang zu dem Problemkreis „Hervorholung früherer Verfehlungen" BGH, NJW 1966, S. 2353 ff. („Vor unserer eigenen Tür") und die ablehnende Stellungnahme von A. Arndt, NJW 1967, S. 1845 ff.
[14] Für Landtagsabgeordnete, vgl. z. B. Art. 38 Verf. Ba-Wü; ferner § 152 a StPO.

V. Das Prinzip des überwiegenden öffentlichen Interesses 99

richterstattung nicht ableiten. Nach heutiger Ansicht soll die Immunität in erster Linie die Funktionsfähigkeit und das Ansehen des Parlaments wahren[15]. Sie ist ein Privileg des Parlaments und hat dessen Schutz, nicht jedoch denjenigen des betroffenen Abgeordneten im Auge. So verneint Maunz ausdrücklich einen Schutz des Abgeordneten vor Bloßstellung[16]. Die Immunität schützt daher den Betroffenen nicht vor Indiskretion durch Pressepublizität. Auch erfolgt die Immunitätsaufhebung in öffentlicher Sitzung des Plenums[17].

Aus anderem Grunde könnte jedoch das Verfahrenshindernis der Immunität ein Unterbleiben identifizierender Berichterstattung zur Folge haben. Die in Art. 46 II GG gewählte Formulierung „zur Verantwortung ziehen" ist im weitesten Sinne zu verstehen[18]. Art. 46 II GG macht schon die oberflächlichste Ermittlung genehmigungspflichtig, sobald sie sich gegen den Abgeordneten als Beschuldigten richten soll[19]. Von dem oben vertretenen Standpunkt, ausreichender Anknüpfungspunkt sei nicht bereits der Tatverdacht, vielmehr müsse auf die Beschuldigteneigenschaft des Tatverdächtigen abgestellt werden, liegt die Folgerung eines Unterbleibens identifizierender Berichterstattung bis zur Aufhebung der Immunität, bzw. solange diese besteht, nahe. Dabei würde jedoch der tragende Grund des zeitlichen Aufschubs identifizierender Berichterstattung verkannt. Auf die Beschuldigteneigenschaft wurde wegen der insoweit vergleichbaren Eingriffsschwere bei einer identifizierenden Berichterstattung einerseits und bei denjenigen strafprozessualen Zwangsmitteln, die die Beschuldigteneigenschaft voraussetzen, andererseits abgestellt, und zwar zum Schutze des bloß Tatverdächtigen. Im Falle der Immunität wird jedoch der Abgeordnete überhaupt von staatlichen Ermittlungsmaßnahmen freigehalten, soweit sie sich gegen ihn als Verantwortlichen richten würden. Die Eingriffsschwere spielt dabei keine Rolle. Denn die Immunität dient dem Schutze des Parlaments und nicht dem des einzelnen Abgeordnetene vor Eingriffen in seine Rechtssphäre. Daher ist bei der Immunität eine weitere Ausnahme von dem grundsätzlichen Erfordernis der Beschuldigteneigenschaft zu machen.

b) Die Stärke des Tatverdachts

Die Skala des Tatverdachts reicht von der bloßen Möglichkeit, einer gewissen Wahrscheinlichkeit bis hin zu einem hohen Grad von Wahr-

---

[15] Vgl. Maunz, in Maunz / Dürig / Herzog, Art. 46, Rdn. 26 mit weiteren Hinweisen.
[16] Maunz, Rdn. 36.
[17] Vgl. Art. 46 II i. V. m. Art. 42 I, S. 166.
[18] Vgl. Maunz, Rdn. 41.
[19] Maunz, Rdn. 42.

scheinlichkeit der Tatbegehung. Es fragt sich daher, welche Verdachtslage beim Betroffenen gegeben sein muß. Sicher ist, daß der sog. Anfangsverdacht für eine identifizierende Berichterstattung nicht ausreicht[20]. Bereits die Beschuldigteneigenschaft beim Betroffenen fordert einen zur Wahrscheinlichkeit der Tatbegehung verdichteten Tatverdacht[21]. Im übrigen wäre es generell mit dem Grundsatz der Unschuldsvermutung nicht vereinbar, dem Betroffenen das Sonderopfer einer identifizierenden Berichterstattung bereits zu einem Zeitpunkt zuzumuten, in dem lediglich die bloße Möglichkeit einer Tatbegehung besteht. Problematisch dagegen ist, ob dringender Tatverdacht, mithin ein hoher Grad von Wahrscheinlichkeit der Tatbegehung, zu fordern ist. Blickt man auf diejenigen strafprozessualen Zwangsmittel, die schwerwiegende Eingriffe in die Rechtssphäre des Beschuldigten vorsehen, könnte dies naheliegen. So reicht beispielsweise bei der Anordnung eines Haftbefehls oder eines Steckbriefes hinreichender Tatverdacht nicht aus, vielmehr setzen diese Eingriffe dringenden Tatverdacht voraus[22]. Bei der Erörterung der Frage einer Gleichbehandlung von Tatverdächtigen wurde für die Anordnung eines Haftbefehls dargelegt, daß dies eine Konsequenz des für strafprozessuale Zwangsmittel geltenden Prinzips der Angemessenheit des Eingriffs ist[23]. Insoweit besteht eine Parallele zum „Ob" einer identifizierenden Berichterstattung, das ebenfalls am Grundsatz der Angemessenheit zu messen ist. Gerade aber die Anwendung dieses Prinzips spricht dagegen, als Eingriffsvoraussetzung einer identifizierenden Berichterstattung während eines Strafverfahrens generell dringenden Tatverdacht zu fordern. Wenn der Gesetzgeber bei schwerwiegenden strafprozessualen Maßnahmen einen Zwangseingriff in die Rechte des Beschuldigten bei nicht dringendem Tatverdacht als unangemessen ansieht, besagt dies nicht, daß dieselbe Wertung ebenfalls für einen Eingriff in das Persönlichkeitsrecht des Betroffenen durch Pressepublizität zu treffen ist. Denn die hier zur Beurteilung der Unangemessenheit des Eingriffs heranzuziehenden Faktoren decken sich nicht mit denen bei strafprozessualen Zwangsmitteln. Für die Anordnung der Untersuchungshaft zum Zwecke der Sicherung des Erkenntnisverfahrens spielt es beispielsweise keine Rolle, ob der Tatverdächtige „Person des öffentlichen Lebens" ist, während sich aus diesem Umstand ein für die Bestimmung

---

[20] Zur Einleitung strafprozessualer Zwangsmaßnahmen gegen den Tatverdächtigen reicht der sog. Anfangsverdacht ebenfalls nicht aus; vgl. Kleinknecht, StPO, § 152 Anm. 2 B.

[21] Vgl. 4. Kap., V 1 a.

[22] Vgl. §§ 112, 131 StPO; hinreichender Tatverdacht schreibt die StPO bei der Anklageerhebung und der Eröffnung des Hauptverfahrens vor, vgl. §§ 170 I, 203 StPO.

[23] Vgl. 4. Kap., II 4 c bb.

des Öffentlichkeitswertes und damit für die Feststellung eines überwiegenden öffentlichen Interesses maßgeblicher Wertungsgesichtspunkt ergeben kann[24]. Die zu fordernde Verdachtslage kann bei diesen Personen anders sein als bei den sogenannten Privatpersonen. Denn wie die Verdachtslage beschaffen sein muß, um dem Betroffenen das Sonderopfer identifizierender Berichterstattung zuzumuten, wird neben der Eingriffsschwere auch von dem Öffentlichkeitswert bestimmt. Da dieser variabel ist, läßt sich die zu fordernde Verdachtslage mit der oben gemachten Einschränkung nicht von vornherein auf einen bestimmten Grad von Tatverdacht festschreiben[25]. So wird man bei einem hohen aktuellen Zeitwert von einem dringenden Tatverdacht absehen, hier reicht die Wahrscheinlichkeit der Tatbegehung aus.

2. Ungleichbehandlung von Personen

Die von der h. M. vorgenommene Unterscheidung in absolute und relative Personen der Zeitgeschichte spielt bei Straftaten eine erhebliche Rolle. Nach ganz überwiegender Meinung wird der Öffentlichkeitssphäre absoluter Personen der Zeitgeschichte alles zugeordnet, was nicht der Intimsphäre angehört[26]. Von dieser Einschränkung abgesehen wird damit ein legitimes umfassendes Informationsinteresse an allen Geschehnissen, Lebensbeziehungen und Lebensvorgängen bejaht, ohne daß das Informationsinteresse in Relation zu den durch seine Wahrnehmung tangierten Interessen des Betroffenen zu setzen ist. Wegen dieses umfassenden Informationsinteresses werden Straftaten ohne weiteres der Öffentlichkeitssphäre absoluter Personen der Zeitgeschichte zugerechnet, so beispielsweise von Rehbinder[27] und Lampe[28]. Ähnlich, wenn auch nicht so weitgehend, meint Maul, stehe eine Person wie ein bekannter Schauspieler unabhängig von der Gerichtsverhandlung im Blickpunkt der Öffentlichkeit, müsse sie auch die Abbildung bei Gericht hinnehmen, außer z. B. bei geringfügigen Verkehrsübertretungen[29]. Maul kommt demnach gerade dort zu einem Diskretionsschutz, wo am wenigsten ein Schutzbedürfnis und vermutlich auch kein Informationsinteresse besteht.

---

[24] Vgl. unten V 3 b.
[25] Dringender Tatverdacht als generelle Eingriffsvoraussetzung wird auch nicht vom OLG Braunschweig („Hehler") gefordert, vielmehr ist die Stärke des Tatverdachts ein Wertfaktor bei der Interessenabwägung, S. 347.
[26] Vgl. 3. Kap., I 2 und II 4 a.
[27] Die öffentliche Aufgabe, S. 93.
[28] S. 218.
[29] MDR 1970, S. 287.

Wie die bisherigen Ausführungen gezeigt haben, kann der Stellung einer Person im öffentlichen Leben für das „Ob" einer identifizierenden Berichterstattung über Straftaten Bedeutung zukommen, nicht jedoch in dem Sinne, daß bereits wegen dieser Stellung die Entscheidung für die Zulässigkeit der Berichterstattung gefallen wäre[30]. Die Ausführungen zur Sphärentheorie und zum Sachzusammenhang haben vielmehr deutlich gemacht, daß eine unterschiedliche Behandlung der „Personen des öffentlichen Lebens" und der „bewußt öffentlich-privaten Personen" nur insoweit gerechtfertigt ist, als die Thematik der Berichterstattung in einem unmittelbaren Zusammenhang mit dem die Zuordnung zur Öffentlichkeitssphäre begründenden Geschehnis besteht. Lediglich für den Bereich der selbstgewählten Öffentlichkeit und nur insoweit kommt es auf eine Interessenabwägung nicht mehr an[31]. Über diesen Bereich hinaus hat bei sämtlichen Personen eine Abwägung des öffentlichen Interesses mit den Interessen des Betroffenen zu erfolgen, die sich vor allem an dem durch den Grundsatz der Unschuldsvermutung konkretisierten Prinzip der Angemessenheit zu orientieren hat. Die aus der Qualifizierung einer Person als absolute Person der Zeitgeschichte gezogene Folgerung eines ohne weiteres gegebenen überwiegenden Informationsinteresses an identifizierender Kriminalitätsberichterstattung ist damit nicht haltbar.

3. Die Bestimmung des Öffentlichkeitswertes

Die Ausführungen zu Gründen personaler Inanspruchnahme haben gezeigt, daß auch Straftaten ein Öffentlichkeitswert zukommt, der die Möglichkeit eines Eingriffs in das „Recht auf Anonymität" eröffnet. Offen bleiben konnte dort eine konkrete Aussage über den Wertgehalt einer identifizierenden Kriminalitätsberichterstattung und damit eine nähere Bestimmung des Öffentlichkeitswertes von Straftaten. Ohne diese Bestimmung ist jedoch ein vergleichsweises Bewerten mit den Interessen des Betroffenen zur Feststellung des vorrangigen Interesses nicht durchführbar.

a) Literatur und Rechtsprechung

Hier werden zur Wertbestimmung im wesentlichen folgende Auffassungen vertreten. Teilweise wird im Anschluß an OLG München „Lebensmittelskandal" darauf abgestellt, ob „der Gegenstand des Ver-

---

[30] Vgl. z. B. beim öffentlichen Interesse oben IV 1; beim Tatverdacht oben V a 1.
[31] Vgl. auch die im 3. Kap., II 4 c gemachte Ausnahme für den Fall einer genehmigten Vorveröffentlichung.

V. Das Prinzip des überwiegenden öffentlichen Interesses

fahrens über das alltäglich oder häufig Wiederkehrende hinausragt und deshalb für die Öffentlichkeit etwas bedeutet oder sie nahe angeht" oder ob „es sich zwar um den Vorwurf einer alltäglichen Straftat handelt, die Sache aber durch die Persönlichkeit des Angeklagten dem Bereich des Alltäglichen weit entrückt wird und deshalb Bedeutung für die Öffentlichkeit gewinnt und ihr Aufsehen erregt"[32]. Letzter Umstand ist nicht auf die zweite Alternative beschränkt, sondern wird generell zur Begründung des zeitgeschichtlichen Charakters von Straftaten herangezogen[33].

Vor allem in der neueren Rechtsprechung geht man dazu über, einzelne Kriterien zur Wertbestimmung anzugeben. So soll es nach einer Entscheidung des OLG Oldenburg darauf ankommen, ob die Straftat wegen der Persönlichkeit des Täters, des Umfanges der Straftat oder wegen ihres Hintergrundes Allgemeininteresse beanspruchen könne[34]. Das BVerfG „Lebach" stellt darauf ab, ob sich die Straftat durch die Besonderheit des Angriffsobjekts, die Art der Begehung oder durch die Schwere der Folgen über die gewöhnliche Kriminalität heraushebe[35]. Nach Meinung des OLG Hamburg „Banklady" soll die Art und Schwere der Straftat ausschlaggebend sein[36]. Bei Überprüfung dieser Kriterien im Einzelfall wird auch hier maßgeblich darauf abgestellt, ob die Straftat in der Öffentlichkeit großes Aufsehen erregt habe[37].

Lampe bejaht eine Namenspublizität dann, wenn sich die Öffentlichkeit des Namens des Täters bemächtigt habe, bei Sensationsfällen, bei Kapitalverbrechen oder wenn die Tat wegen der Persönlichkeit der Beteiligten besonders schwerwiegend erscheine, wie bei gemeingefährlichen Tätern oder Serientätern[38]. Diese Kriterien werden ebenfalls von Koebel genannt, der letztere Fallgruppe auch bei mehrfach vorbestraften Tatverdächtigen anwenden will[39].

---

[32] OLG München, NJW 1963, S. 659; ebenso OLG Frankfurt, S. 462 („Verbrecherbraut"); von Gamm, UrhG, Rdn. 118; Werhahn, S. 41; Neumann-Duesberg, Juristen-Jahrbuch 1966, 1967 S. 146/147; ähnlich OLG Braunschweig, S. 347 („Hehler").
[33] Vgl. 4. Kap., IV 1.
[34] OLG Oldenburg, 18. 1. 1963, NJW 1963, S. 920, 923.
[35] BVerfGE 35, S. 231/232; ähnlich KG, 30. 4. 1976, mitgeteilt in AfP Rspr.-Übersicht 1976, S. 33.
[36] OLG Hamburg, AfP 1976, S. 138; ferner OLG Schleswig, 21. 5. 1975, mitgeteilt in AfP Rspr.-Übersicht 1975, S. 29 f.
[37] Vgl. u. a. OLG Hamburg, S. 138; KG, S. 33; BVerfGE 35, 232.
[38] Lampe, NJW 1973, 219; für die Bildpublizität über relative Personen der Zeitgeschichte beschränkt er sich auf die Feststellung, entweder müsse der Straftat oder der Person des Betroffenen zeitgeschichtliche Bedeutung zukommen, ohne jedoch anzugeben, wann dies der Fall ist.
[39] Koebel, JZ 1966, S. 389, 391.

b) Kritik und eigener Lösungsversuch

Einwände gegen diese Auffassungen bestehen in mehrfacher Hinsicht. So kommt dem Umstand, ob die Straftat in der Öffentlichkeit großes Aufsehen erregt habe, keine wertbestimmende Bedeutung zu. Einmal wird damit allenfalls ein faktisches Interesse der Allgemeinheit nachweisbar, auf dessen Nachweis es gerade nicht ankommt[40], vor allem jedoch wird hier letztlich der Berichterstattung über „Sensationsfälle" das Wort geredet. Bereits oben wurde dargelegt, daß damit ein öffentliches Interesse an Publizität nicht begründet werden kann[41]. Ferner kann Lampe darin nicht gefolgt werden, daß eine Namenspublizität immer dann zulässig ist, falls sich die Öffentlichkeit des Namens des Betroffenen bemächtigt habe. Denn seine Auffassung geht dahin, einen Publizitätsschutz deshalb zu verneinen, weil der Betroffene der Öffentlichkeit bereits bekannt ist. Hier ist jedoch zu unterscheiden, ob dies auf Grund ungenehmigter oder genehmigter Vorveröffentlichung erfolgt ist. Nur für den zweiten Fall ist die These Lampes mit der oben gemachten Einschränkung zutreffend[42]. Gegen die vom OLG München vertretene Auffassung spricht die erhebliche Unsicherheit bei der Abgrenzung u. a. des „Alltäglichen" vom „Nicht-Alltäglichen" zur Bestimmung des Vorranges identifizierender Berichterstattung. Eb. Schmidt hat nicht zu Unrecht die Frage gestellt, was denn das „Alltägliche" oder das „häufig Wiederkehrende" im Bereich der Prozeßgegenstände sei[43]. Sicher ist ein Bankraub, eine Entführung oder ein Mordfall nicht „häufig wiederkehrend" in einer Kleinstadt. Fraglich wird dies bereits in Großstädten, vor allem jedoch dann, wenn man dieses Kriterium auf die Begehung solcher Straftaten auf das Gebiet der Bundesrepublik Deutschland bezieht. Bei der zweiten Alternative bleibt unklar, ob dieser bei den „Privatpersonen" überhaupt Bedeutung zukommt oder ob sie nicht vielmehr ausschließlich auf die „Personen des öffentlichen Lebens" und die „bewußt öffentlich-privaten Personen" beschränkt ist.

Diese Entscheidung zeigt die Notwendigkeit, nähere Kriterien zur Bestimmung des Öffentlichkeitswertes aufzufinden, will man überhaupt zu präziseren Aussagen über den Öffentlichkeitswert einer identifizierenden Berichterstattung kommen. Insoweit ist der von der neueren Rechtsprechung, hier vor allem vom OLG Oldenburg und BVerfG „Lebach" gewählte Weg richtig. Aber auch bei dieser Rechtsprechung bleibt manches offen und unklar. Dies fängt bereits mit der uneinheit-

---
[40] Vgl. bereits 3. Kap., II 3 a.
[41] Vgl. 4. Kap., IV 1.
[42] Vgl. 3. Kap., II 4 c.
[43] Eb. Schmidt, Justiz und Publizistik, S. 28.

V. Das Prinzip des überwiegenden öffentlichen Interesses

lichen Terminologie und Wahl der für maßgeblich befundenen Kriterien an, wie ein Vergleich der vom OLG Oldenburg einerseits und dem BVerfG andererseits angegebenen Kriterien deutlich macht. Ferner fragt sich, wann beispielsweise eine Straftat wegen der Persönlichkeit des Täters oder wegen ihres Hintergrundes Allgemeininteresse beanspruchen kann oder sich durch die Besonderheit des Angriffsobjekts über die gewöhnliche Kriminalität heraushebt, also an welchem Maßstab sich die einzelnen Kriterien auszurichten haben. Schließlich ist unklar, ob lediglich die in den jeweiligen Entscheidungen genannten Kriterien öffentlichkeitswertbestimmend sind oder auch andere Kriterien herangezogen werden können. So fehlt beispielsweise beim BVerfG das vom OLG Oldenburg für wertbestimmend erachtete Kriterium der Täterpersönlichkeit. Im folgenden wird daher der Versuch unternommen, die für das „Ob" einer identifizierenden Berichterstattung während eines Strafverfahrens maßgeblichen Wertfaktoren herauszuarbeiten.

(1) Bei der Bestimmung des Öffentlichkeitswertes liegt zunächst der Gedanke einer Orientierung an dem Wertgehalt des tangierten Rechtsgutes nahe, vor allem eine Bewertung danach vorzunehmen, wer Träger des jeweils geschützten Interesses ist[44]. Geht man von einem dualistischen Rechtsgütersystem aus und ordnet die Rechtsgüter teils dem Individuum, teils dem Staat oder der Allgemeinheit zu[45], könnte darin ein erster Ansatz zur Bestimmbarkeit des Öffentlichkeitswertes gefunden sein. Rechtsgütern, die den Staat oder die Allgemeinheit zum Träger haben, kommt ein hoher Rechtswert zu, dem das Strafrecht durch die Ausprägung eines intensiven Rechtsschutzes Rechnung trägt[46]. Dies zeigen beispielsweise die Staatsschutzdelikte, vor allem durch die Ausdehnung der Kriminalisierung auf nur vorbereitende oder mittelbare Gefährdung[47], aber auch durch eine gegenüber allgemeinen Tatbeständen erhöhte Strafdrohung, wie ein Vergleich der spezielleren Nötigungstatbestände der §§ 105 und 106 StGB zu dem allgemeinen Nötigungstatbestand des § 240 StGB zeigt[48]. Den Universalrechtsgütern kommt ein ihrem Rechtswert entsprechend hoher Öffentlichkeitswert zu. Ihr Schutz ist unmittelbarer Schutz von Ge-

---

[44] Vgl. zu den sehr unterschiedlichen Def. eines allgemeinen Rechtsgutbegriffs Hassemer, S. 63.
[45] So die wohl h. M., vgl. Baumann, AT, S. 137; Schönke / Schröder, Vorbem. §§ 13 ff., Rdn. 10; Maurach / Zipf, AT, S. 280 mit Aufzählung einzelner Individual- und Universalrechtsgüter; ferner Schmidhäuser, AT, S. 38.
[46] Ausdruck dafür ist wohl auch die Legalordnung des StGB, zumindest in historischer Sicht, vgl. dazu Maurach / Schroeder, BT, S. 6.
[47] Vgl. auch Hassemer, S. 86.
[48] Vgl. ferner §§ 90, 90 a I, 90 b StGB zu §§ 185 ff. StGB; § 90 a II StGB zu §§ 303 f. StGB.

meinwohlinteressen, ihre Verletzung berührt unmittelbar „Belange des Gemeinschaftslebens" und geht damit die Allgemeinheit in besonderem Maße „nahe an"[49].

Demgegenüber sind Individualinteressen in der Interessensphäre des Individuums begründet, ihre Verletzung ist zunächst einmal Verletzung eines Individualinteresses. Dies erklärt auch die unterschiedlichen Strafdrohungen der §§ 105 und 106 StGB zu dem allgemeinen Nötigungstatbestand des § 240 StGB. Hassemer stellt zu Recht fest, daß der Grund hierfür in einer „differenten Quantität und Qualität des vom delinquenten Verhalten zu erwartenden Schadens" zu sehen ist[50]. Denn während der bei einer Nötigung von Privatpersonen zu erwartende Schaden grundsätzlich auf ihre Person begrenzt bleibt, kann eine Nötigung von Verfassungsorganen oder von deren Mitgliedern weitreichende Folgen für die Allgemeinheit und damit für das Gemeinwohl haben. Aus diesem könnte nun umgekehrt gefolgert werden, der Verletzung solcher Rechtsgüter, die ausschließlich ein Individuum zum Rechtsgutträger haben, komme ein besonderer Öffentlichkeitswert nicht zu, da im Grunde nur ein Individualinteresse verletzt werde. Träfe diese Folgerung zu, hätte man ein relativ einfach zu bestimmendes Wertkriterium zur Hand, nämlich die Orientierung an der Rechtsgutträgerschaft. Offen bliebe nur noch die Einordnung solcher Rechtsgüter, die sowohl den Schutz des Einzelnen als auch den der Allgemeinheit bezwecken[51]. Hierbei würde jedoch übersehen, daß der Schutz eines Individualinteresses und der Schutz eines Allgemeininteresses oftmals unmittelbar zusammenhängt, wie oben am Beispiel des Eigentumsschutzes gezeigt[52]. Wenn nun, worauf mehrfach hingewiesen wurde, der Öffentlichkeitswert einer Thematik sich daran zu orientieren hat, ob der Gegenstand die Allgemeinheit „nahe angeht", wird der Grad des Öffentlichkeitswertes einer Individualrechtsgutverletzung maßgeblich vom Wert des jeweiligen mitberührten Allgemeininteresses bestimmt. Damit hängt der Öffentlichkeitswert ab von einer Bewertung der gesellschaftlichen Bedeutung und Funktion, der Wichtigkeit des Individualrechtsgutes für die Gesellschaft, mithin von seiner Sozialrelevanz. Je stärker diese Sozialrelevanz ist, umso höher ist der der Rechtsgutsverletzung zukommende Öffentlichkeitswert zu veranschlagen.

---

[49] Vgl. 4. Kap., IV 1.
[50] Hassemer, S. 171.
[51] Vgl. z. B. § 164 StGB (Schutz der Rechtspflege und des Einzelnen) oder § 239 KO (Schutz der Gläubiger des Gemeinschuldners und der Gesamtwirtschaft).
[52] Vgl. 4. Kap., IV 1.

V. Das Prinzip des überwiegenden öffentlichen Interesses

Es würde den Rahmen dieser Untersuchung sprengen, wollte man die einzelnen Individualrechtsgüter auf ihre Sozialrelevanz untersuchen. Nur soviel soll hier angedeutet werden. In gewissem Umfange lassen sich Richtwerte zur Bestimmung der Sozialrelevanz dem Gesetz selbst entnehmen. So hat der Gesetzgeber einzelne Individualrechtsgüter als Antragsdelikte ausgestaltet, wie beispielsweise beim Hausfriedensbruch gem. § 123 StGB oder den Beleidigungsdelikten gem. §§ 185 ff. StGB. Der Grund für das Strafantragserfordernis wird deutlich, wenn man eine Verletzung der jeweils geschützten Rechtsgüter auf ihre Sozialschädlichkeit hin untersucht. Hier wird nur der Einzelne in seinem Persönlichkeitsbereich verletzt und diese Schädigung bleibt begrenzt; sie zeigt normalerweise keine Wirkung nach außen, berührt damit das Gemeinwohl nicht oder so wenig, so daß dem individuellen Rechtsgutträger die Dispositionsbefugnis über das Rechtsgut durch das Erfordernis eines Strafantrages zugestanden wird. Hier ist die Entscheidung des Gesetzgebers für ein Strafantragserfordernis zugleich eine gesetzgeberische Wertentscheidung bezüglich der gesellschaftlichen Relevanz dieser Rechtsgüter und ihrer Verletzung[53]. Zu denken ist ferner an die Höhe der jeweiligen Strafdrohungen. Sie gibt auch Aufschluß über die gesetzgeberische Werteinschätzung des einzelnen Individualrechtsgutes und läßt, weil die Strafdrohungen differieren, eine vom Gesetzgeber festgelegte Werthierarchie innerhalb der Individualrechtsgüter erkennen. Andererseits wird sie durch andere Faktoren, wie Begehungsmodalität, kriminalpolitische Gesichtspunkte u. a. mitbestimmt[54]. Davon abgesehen sind Wertaussagen wegen des weiten Umfanges der Strafrahmen mit einer ziemlichen Unsicherheit belastet und es können der abstrakte gesetzgeberische Wert und der aktuelle Zeitwert eines Rechtsgutes auseinandergehen[55]. Auch versagt diese Methode bei unterschiedlichen Strafdrohungen bezüglich desselben Rechtsgutes. Der Höhe der Strafdrohung kann damit lediglich eine indizielle Bedeutung bei der Bestimmung des Öffentlichkeitswertes zukommen[56].

---

[53] Vgl. Hassemer, S. 233; fraglich ist dies bereits für solche Antragsdelikte, die das Strafantragserfordernis aus Rücksichtnahme auf persönliche Interessen des Verletzten aufgenommen haben, vgl. dazu Schönke / Schröder, § 77 Rdn. 4.

[54] Schönke / Schröder, § 34 Rdn. 43.

[55] So kann einem Individualrechtsgut wegen einer besonderen Begehungsmodalität oder Begehungshäufigkeit und einer daraus folgenden aktuellen Schadensintensität ein besonderer Zeitwert zukommen.

[56] Vgl. auch Lenckner, Der rechtfertigende Notstand, S. 157 f., zum Problem einer Wertbestimmung von Rechtsgütern anhand der gesetzlichen Strafdrohungen; ferner Hassemer, S. 209. Beide sprechen den gesetzlichen Strafdrohungen ebenfalls nur eine indizielle Bedeutung zu.

(2) Ferner ist daran zu denken, nähere Wertbestimmungen an Hand der Person des verletzten individuellen Rechtsgutträgers vorzunehmen. Wertbeeinflussend könnte hier vor allem sein, ob dieser dem Kreis der „Personen des öffentlichen Lebens" oder dem der „bewußt öffentlich-privaten Personen" angehört. Diesen Personen wird in besonderem Maße das Interesse der Öffentlichkeit zuteil, sie stehen im Rampenlicht einer interessierten Öffentlichkeit. Von daher wird beispielsweise die Entführung des bekannten Sportlers X von ganz anderem Öffentlichkeitsinteresse sein als diejenige des Herrn Müller oder des Herrn Maier. Können daraus bereits graduelle Unterschiede des Öffentlichkeitswertes gefolgert werden?

Diese Frage ist zu verneinen. Das für den Öffentlichkeitswert einer Straftat maßgebliche Kriterium des „nahe angehens" ist normativ zu bestimmen; für sich betrachtet enthält der Umstand, ob und in welchem Maße eine Person durch einen von ihr selbst hergestellten Öffentlichkeitsbezug der Öffentlichkeit bereits bekannt und Gegenstand von Allgemeininteressen geworden ist, noch keine Wertaussage über die Person und die sie betreffende Straftat[57]. Vielmehr ist entscheidend, ob der Straftat wegen der Funktion und Stellung des Rechtsgutträgers im politischen, wirtschaftlichen oder kulturellen Leben eine Bedeutung für die Allgemeinheit zukommt[58]. Dies ist dann anzunehmen, wenn zwischen der jeweiligen Funktion des Rechtsgutträgers und der Straftat eine Beziehung besteht, m. a. W., die Straftat muß ihr besonderes Gewicht gerade dadurch erhalten, daß sie im Zusammenhang mit der Funktion des Rechtsgutträgers im politischen, wirtschaftlichen oder kulturellen Leben steht. Um dies an einem Beispiel näher zu erläutern: wird dem Politiker X seine Privatjacht gestohlen, so ist dieser Diebstahl sicher spektakulär und von hohem Öffentlichkeitsinteresse, ein besonderer Öffentlichkeitswert kommt diesem Diebstahl nicht zu; ganz anders ist die Beurteilung vorzunehmen, wenn Gegenstand des Diebstahls Dokumente von politischem Gewicht sind.

Wie oben beim Individualrechtsgut ist auch hier der Grad des Öffentlichkeitswertes am Grad der Sozialrelevanz festzumachen.

(3) In Betracht kommen weiter Wertfaktoren aus dem Bereich des konkreten Handlungsobjekts[59]. Ein solcher Wertfaktor ist einmal dann zu bejahen, falls Handlungsobjekt eine körperliche Sache ist und dieser

---

[57] Vor allem bei den „bewußt öffentlich-privaten Personen" könnte ansonsten auch der Grad ihrer Bekanntheit, letztlich ein Umstand wie Popularität, ausschlaggebend für den Öffentlichkeitswert sein.

[58] Die Allgemeinheit kann auch auf eine lokale Öffentlichkeit beschränkt sein, vgl. 3. Kap., II 3 a.

[59] Vgl. zur Unterscheidung Handlungsobjekt vom Rechtsgut, Baumann, AT, S. 137.

V. Das Prinzip des überwiegenden öffentlichen Interesses 109

ein überindividueller Wert (Gemeinschaftswert) zukommt, so beispielsweise im Fall der Zerstörung kunsthistorisch bedeutender Kunstwerke. Dieser Wertfaktor gewinnt besonders an Bedeutung, falls weder dem Individualrechtsgut noch dessen Träger ein entsprechender Öffentlichkeitswert zugesprochen werden kann[60]. Möglich ist auch, daß der Öffentlichkeitswert einer Straftat wegen der Person des Handlungsobjekts, wenn diese mit dem individuellen Rechtsgutsträger nicht identisch ist[61], mitbeeinflußt wird.

(4) Im Gegensatz zu den bisher genannten Kriterien, die dem Bereich der Straftat zugeordnet werden konnten, geht es im folgenden darum, ob auch Umstände aus dem Persönlichkeitsbereich des Tatverdächtigen den Öffentlichkeitswert beeinflussen können.

Hier ist einmal an persönliche Verhältnisse zu denken, wie beispielsweise an eine bestimmte Stellung oder Funktion im öffentlichen Leben, die Wahrnehmung einer staatlichen oder öffentlichen Aufgabe oder an die Zugehörigkeit zu einer Gemeinschaft, gesellschaftlichen Randgruppen u. a. Oftmals sind eben solche persönlichen Verhältnisse der Anreiz für eine identifizierende Berichterstattung. Hat es nun der Tatverdächtige gerade im Hinblick auf persönliche Verhältnisse möglicherweise in Kauf zu nehmen, öffentlich dargestellt zu werden?

Dies wird man nur dann annehmen können, falls der Tatverdächtige durch die Übernahme eines öffentlichen Amtes oder infolge Ausübung einer gesellschaftsrelevanten Funktion zusätzliche und erhöhte Pflichten dem Staat und der Gemeinschaft gegenüber eingegangen ist und dadurch der Straftat ein besonderes Gewicht zukommt. Die erste Möglichkeit betrifft den Bereich staatlicher Aufgabenerfüllung. Für diesen wurde bereits bei der Untersuchung von Gründen personaler Inanspruchnahme ausgeführt, daß hier Kontrolle staatlicher Organe möglicherweise nicht nur die Offenlegung des Gegenstandes, sondern auch des Trägers staatlichen Handelns fordern kann[62]. Als Grund wurde genannt, daß staatliche Aufgabenerfüllung, weil deren Erfüllung alle angeht, grds. auf Öffentlichkeit angelegt ist. Von daher erhalten Straftaten, deren Tatbegehung in einem unmittelbaren sachlichen Zusammenhang mit der Erfüllung einer staatlichen Aufgabe steht, ein besonderes Gewicht für den Staat und die Gemeinschaft[63]. Wertdifferenzierungen

---
[60] z. B. im Fall der Zerstörung von im Privateigentum sich befindenden Kunstwerken; dies zeigt auch, daß man bei Antragsdelikten nicht generell bereits das öffentliche Informationsinteresse verneinen kann, so wohl Arzt, S. 114.
[61] So ist Handlungsobjekt beim Betrug der unter der Täuschung Verfügende, Rechtsgutträger der — damit nicht notwendigerweise identische — Geschädigte.
[62] Vgl. oben S. 124 f. 4. Kap., IV 1.

ergeben sich — neben solchen aus dem Bereich des Rechtsguts — vor allem aus der Bedeutung des öffentlichen Amtes und der Person, insbesondere aus ihrer Stellung im öffentlichen Leben. Diese Funktion von Öffentlichkeit läßt sich auf Straftatbegehungen, die nicht in dem vorstehend beschriebenen Zusammenhang stehen, nicht übertragen. Eine Ausnahme wird man bei den „Personen des öffentlichen Lebens" dann machen müssen, falls die Tatbegehung Rückschlüsse auf die Eignung dieser Personen zu dem sie ausübenden öffentlichen Amt zulassen[64].

Mit der zweiten Möglichkeit sind Personen gemeint, bei denen die Straftat auf Grund ihrer Stellung oder Funktion im gesellschaftlichen Bereich wegen einer gesteigerten Bedrohungs- oder Schadensintensität von besonderer Tragweite für die Gemeinschaft ist. Die „Prominenz" des Tatverdächtigen ist dagegen unerheblich. Auch hat während eines Ermittlungsverfahrens außer Betracht zu bleiben, ob der Betroffene wegen persönlicher Umstände Anlaß gegeben hat, sich mit seiner Person zu beschäftigen, beispielsweise weil er sich infolge der ihm vorgeworfenen Tat in einen möglichen Widerspruch zu einer nach außen dokumentierten Überzeugung, Lebensführung u. a. begeben hat[65]. Die Presse übt zwar auch im außerstaatlichen Bereich legitimerweise Funktionen der Kontrolle und Kritik aus, derzufolge sie aus gegebenem Anlaß das Recht hat, sich kritisch mit der Person und ihrem „zwiespältigen Charakter" auseinanderzusetzen. Dieses Recht kann ihr wegen des Grundsatzes der Unschuldsvermutung jedoch erst nach Abschluß des Strafverfahrens zustehen. Denn eine solche Inanspruchnahme der Person birgt immer die Gefahr einer moralischen Vorwegverurteilung des Betroffenen und gerät damit in Konflikt mit dem Verbot der Schuldantizipation und stellt, da sie lediglich auf Grund des Tatverdachts erfolgt, ein für den Betroffenen nicht mehr zumutbares Sonderopfer dar. Ebenso scheiden solche Gesichtspunkte wie die Zugehörigkeit zu einer religiösen Minderheit oder einer gesellschaftlichen Randgruppe, beispielsweise Gastarbeiter oder Unterschichten-Angehörige, aus[66]. Eben-

---

[63] Vgl. beispielsweise OLG Stuttgart, S. 127 ff. („Brutaler Übereifer") und die Anm. von Neumann-Duesberg, JZ 1960, S. 116 f.; ferner OLG Nürnberg, S. 412 („Notar"); Brüggemann, AfP 1971, S. 157.

[64] Ähnlich, wenn auch weitergehend Maass, S. 89; vgl. ferner Huber, Persönlichkeitsschutz und Pressefreiheit, S. 75.

[65] Vgl. zum „Veranlassungsprinzip" u. a. BGHSt 12, 287, 294 („Altbaden-Entscheidung"); BGH, NJW 1964, S. 1471 („Sittenrichter"); Wenzel, Berichterstattung, S. 163; Arzt, S. 49 f.

[66] Auf Gefahren der Kriminalitätsberichterstattung für gesellschaftliche Randgruppen weist Hoffmann-Riem hin. Diese seien sozialen Diskriminierungs- und Stigmatisierungsprozessen besonders intensiv und überproportional ausgesetzt. Attribute wie der Täter ist Gastarbeiter suggerierten die Ursächlichkeit solcher Faktoren und verstärkten damit vorhandene Vorurteile, die Stigmatisierungsprozesse für andere Personen mit ähnlichen Attri-

falls keinen Wertfaktor bilden Vorstrafen des Tatverdächtigen. Ihnen kommt im materiellen Strafrecht vor allem Bedeutung für die Strafzumessung und bei den Maßregeln der Besserung und Sicherung, also bei den Rechtsfolgen der Tat, zu[67]. Bereits deshalb könnte wegen des Grundsatzes der Unschuldsvermutung fraglich sein, ob der Öffentlichkeitswert einer Straftat während eines Ermittlungsverfahrens, dessen Zweck die Verdachtserklärung ist, auf diesen Gesichtspunkt gestützt werden kann[68]. Vor allem jedoch wird der eine Identifizierung möglicherweise rechtfertigende Öffentlichkeitswert nur dann erkennbar, wenn im Begleittext die Vorstrafen offengelegt werden. Diese Offenlegung hat der Betroffene im Hinblick auf die Unschuldsvermutung nicht hinzunehmen. Denn damit würde in aller Öffentlichkeit ein durch Vorstrafen negativ gezeichnetes Persönlichkeitsbild des Tatverdächtigen gezeigt und dies hätte für ihn eine unzuträgliche Belastung im Falle einer Verfahrenseinstellung oder eines späteren Freispruchs zur Folge.

4. Das „zumutbare Sonderopfer"

Eine Gefährdung oder Beeinträchtigung der persönlichen bzw. der geschäftlichen Ehre, der wirtschaftlichen Existenz, eine Behinderung im beruflichen Fortkommen, eine Gefährdung der persönlichen Sicherheit als Folgen einer öffentlichen Darstellung des Tatverdächtigen während eines Ermittlungsverfahrens lassen sich nicht ernsthaft bestreiten. Der Tatverdächtige wird durch die öffentliche Darstellung an eine Art modernen Pranger gestellt, selbst ein im Begleittext erfolgter Hinweis auf die Bedeutung des Grundsatzes der Unschuldsvermutung würde die Wirkung zumindest bei der breiten Öffentlichkeit kaum mildern[69]. Welche dieser Folgen eintreten und wie schwer sie für den Betroffenen wiegen, hängt von den Umständen des Einzelfalles, wie der zur Last gelegten Straftat, der Person des Tatverdächtigen u. a. ab. Diese Folgen, deren Tragweite für den Betroffenen sich im Zeitpunkt des Ermittlungsverfahrens zumeist nur schwer übersehen läßt, treffen ihn wegen der Geltung des Grundsatzes der Unschuldsvermutung als vermutlich Unschuldigen und lediglich auf Grund des Verdachts

---

buten auslösen könnten, S. 52; vgl. zum Umfang der Berücksichtigung „persönlicher Daten" Lampe, S. 219; BVerfGE 35, 233.

[67] Vgl. §§ 46, 48, 56 und 61 ff. StGB; ferner auch bei der Gewohnheitsmäßigkeit in den §§ 292 III, 293 III StGB.

[68] So meint Krauß für das Verfahrensrecht, der Grundsatz besage auch, daß alle Fragen, die sich aus der Schuldfeststellung ergeben, nicht bereits vor dem gesetzlichen Nachweis der Schuld aufgegriffen und einer Lösung zugeführt werden dürfen, S. 163; Krauß leitet daraus die Forderung nach Einführung des sog. Schuldinterlokuts ab.

[69] So zutreffend OLG Stuttgart, S. 129 („Brutaler Übereifer").

einer strafbaren Handlung, der sich ex post als unbegründet erweisen kann. Zwar hat der Betroffene dann Anspruch auf einen Ergänzungsbericht aus §§ 1004, 823 I BGB, beispielsweise ist die Presse bei einem späteren Freispruch verpflichtet, über diesen zu berichten, weil sonst die frühere Mitteilung über den Tatverdacht eine fortwirkende Quelle der Ansehensschädigung bildet[70], die Prangerwirkung der öffentlichen Darstellung oder sonst bereits eingetretener Nachteile lassen sich vermutlich nicht mehr beseitigen und es steht auch zu befürchten, daß stets „etwas hängen bleibt".

Andererseits, welche Folgen hat es für die Presse, wenn man sie wegen der oben skizzierten Tragweite einer öffentlichen Darstellung des Tatverdächtigen und im Hinblick auf den Grundsatz der Unschuldsvermutung auf eine „anonyme" und Interessen des Betroffenen nicht tangierende Berichterstattung verweist? Die Berichterstattungsfreiheit als solche wird nicht in Frage gestellt, eingeschränkt wird die von Art. 5 GG verbürgte Freiheit in der Wahl der Informationsmittel[71] und diese Einschränkung ist keine generelle, sondern eine zeitliche, begrenzt durch die Geltung des Grundsatzes der Unschuldsvermutung.

Vergleicht man nun die kollidierenden Interessen, einerseits der Presse an uneingeschränkter Ausübung ihres Gewerbebetriebes und der Allgemeinheit an umfassender Information, andererseits des Tatverdächtigen auf Anonymität, so wird man feststellen können, daß eine identifizierende Berichterstattung für den Tatverdächtigen schwerer wiegt als die zeitlich begrenzte Verweisung der Presse auf eine „anonyme" Berichterstattung. Man wird daher dem Tatverdächtigen nur ausnahmsweise das Sonderopfer einer öffentlichen Darstellung zumuten können, die Regel wird das Unterbleiben einer identifizierenden Berichterstattung während eines Ermittlungsverfahrens sein.

---

[70] Vgl. dazu Staudinger, § 823 Rdn. 206; BGH, NJW 1972, 431.
[71] Vgl. 3. Kap., II 3 c.

Zusammenfassung

Die Untersuchung hat ergeben, daß dem Tatverdächtigen ein uneingeschränkt geschütztes Recht auf Anonymität während eines Ermittlungsverfahrens nicht zusteht. Weder dem Grundsatz der Unschuldsvermutung, der Auslegung des § 81 b StPO oder der Nichtöffentlichkeit des Verfahrens kann ein so weitgehendes Recht des Tatverdächtigen entnommen werden. Eine Ausnahme besteht lediglich bei Jugendlichen und Heranwachsenden. Hier ist eine identifizierende Berichterstattung während eines Ermittlungsverfahrens generell nicht zulässig. Andererseits verliert der Tatverdächtige seinen Anspruch auf Anonymität nicht bereits wegen des gegen ihn bestehenden Verdachts einer strafbaren Handlung. Das an Straftaten bestehende öffentliche Interesse reicht hierfür nicht aus.

Es hat sich gezeigt, daß im Falle eines Interessenkonflikts dem öffentlichen Interesse mehrfache Bedeutung für eine identifizierende Berichterstattung zukommt. Einmal wird mit seiner Hilfe der historisch auf die „Personen des öffentlichen Lebens" und die „bewußt öffentlich-privaten Personen" beschränkte Anwendungsbereich des § 23 I, Ziff. 1 KUG erweitert. Eine durch Bildveröffentlichung identifizierende Berichterstattung wird auch bei solchen Personen ermöglicht, die nicht bereits mit einem Teilbereich ihres Lebens im Rampenlicht einer von ihnen selbst hergestellten, über die Sozialsphäre hinausgehenden Öffentlichkeit stehen, also bei den „Privatpersonen". Ferner ist bei Vorliegen eines öffentlichen Interesses jede Differenzierung nach den bei einer Presseberichterstattung in Betracht kommenden Motiven, wie Verfolgung oder Wahrnehmung von Sensationsinteressen, geschäftlichen Interessen u. a. ausgeschlossen. Dieses Ergebnis ist von Bedeutung bei der sog. „Sensations-, Unterhaltungs- und Geschäftspresse".

Mit dem Vorliegen eines öffentlichen Interesses ist jedoch nicht bereits eine Entscheidung zugunsten einer öffentlichen Darstellung des Tatverdächtigen getroffen. Denn abgesehen von dem Fall einer genehmigten Vorveröffentlichung, bei der der Tatverdächtige den Öffentlichkeitsbezug selbst hergestellt hat, ist das öffentliche Interesse in Relation zu den durch eine öffentliche Darstellung tangierten Interessen des Tatverdächtigen zu setzen. Über die Zulässigkeit einer identifizierenden Berichterstattung entscheidet damit eine Interessenabwägung, und zwar nach der hier vertretenen Auffassung unabhängig davon, welchem der drei Personenkreise, dem der „Privatpersonen", der „bewußt öffentlich-privaten Personen" oder der „Personen des öffentlichen Lebens" der Tatverdächtige zuzuordnen ist.

Es hat sich weiter gezeigt, daß eine Rangordnung zwischen den jeweiligen Interessen einerseits der Presse, andererseits des Tatverdächtigen weder auf der Ebene der Grundrechte noch in Bezug auf den konreten Sachbereich der Berichterstattung anzuerkennen ist. Daher besteht ebensowenig ein allgemeiner Vorrang der vom Persönlichkeitsrecht geschützten Interessen wie ein allgemeiner Vorrang des öffentlichen Interesses, auf das sich die Presse im Konfliktsfalle beruft. Entgegen dem BVerfG „Lebach" ist auch ein allgemeiner Vorrang der aktuellen Berichterstattung abzulehnen. Konsequenz dieser Annahme ist, daß der Persönlichkeitsschutz des einsitzenden Straftäters vor öffentlicher Darstellung weitreichender als derjenige des Tatverdächtigen ist. Zu Unrecht mißt das Gericht dem Prinzip der Resozialisierung eine größere Bedeutung zu als dem der Unschuldsvermutung. Von seinem Standpunkt aus müßte das Gericht konsequenterweise der Sendung „Aktenzeichen XY ungelöst" einen besonders hohen Rang zuweisen, da die „Aktualität" dieser Sendung wohl kaum zu überbieten ist. Aus verschiedenen Gründen, vor allem im Hinblick auf den hier erörterten staatlichen Ermittlungsvorbehalt, dürfte die Zulässigkeit dieser Sendung abzulehnen sein.

Bei der Interessenabwägung ist von ganz wesentlicher Bedeutung das Prinzip der Angemessenheit, und zwar in seiner Konkretisierung, die es durch den Grundsatz der Unschuldsvermutung erfährt. Mit ein Anliegen dieser Arbeit ist es, dem Grundsatz der Unschuldsvermutung, der — wie die Untersuchung gezeigt hat — eine erstaunlich geringe oder gar keine Rolle bei der Zulässigkeit einer identifizierenden Kriminalitätsberichterstattung spielt, mehr Geltung zu verschaffen. Zentrale Frage muß immer sein, ob dem Betroffenen das Sonderopfer einer öffentlichen Darstellung des gegen ihn bestehenden Tatverdachts abverlangt werden kann. Im Hinblick auf die weitreichenden Folgen einer solchen Offenlegung wird man dies im Zeitpunkt des Ermittlungsverfahrens nur ausnahmsweise bejahen können. Während dieses Verfahrensabschnittes ist daher von einem Regel-Ausnahmeverhältnis zugunsten eines Rechts auf „Anonymität" auszugehen. Dieses Ergebnis stellt die Freiheit der Presseberichterstattung nicht in Frage, weitgehend eingeschränkt wird lediglich das Recht auf identifizierende Berichterstattung und diese Einschränkung ist eine zeitlich begrenzte, begrenzt durch die Geltungsdauer des Grundsatzes der Unschuldsvermutung.

Literaturverzeichnis

Albert, Peter-Paul: Die Geschichte der Öffentlichkeit im deutschen Strafverfahren, Freiburg 1973.

Allfeld, Philipp: Kommentar zu dem Gesetze, betr. das Urheberrecht an Werken der bildenden Künste und der Photographie vom 9.1.1907, München 1908.

— Die Reform des Urheberrechts an Werken der Photographie, Das Recht, 1902, 417.

— Recht am eigenen Bilde, DJZ 1920, 702.

Appell, Ehrhart: Die Europäische Konvention zum Schutze der Menschenrechte und Grundfreiheiten in ihrer Bedeutung für das deutsche Strafrecht und Strafverfahrensrecht, Marburg 1961.

Arndt, Adolf: Rezension zu „Presse- und Meinungsfreiheit nach dem Grundgesetz" von F. Schneider, NJW 1963, 193.

— Anm. zu BGH, 16. 9. 1966, NJW 1967, 1845.

Arzt, Gunter: Der strafrechtliche Schutz der Intimsphäre, Tübingen 1970.

Bach, Gregor: Erkennungsdienstliche Maßnahmen nach Einstellung des Ermittlungsverfahrens, NJW 1962, 1001.

Baumann, Jürgen: Strafrecht, Allgemeiner Teil, 8. Auflage, Bielefeld 1977.

Behr, Jürgen: Der Sensationsprozeß, Kriminologische Schriftenreihe, Bd. 36, Hamburg 1968.

Beling, Ernst: Wesen, Strafbarkeit und Beweis der üblen Nachrede. Dogmatisch-kritische Erörterungen zum Kapitel des Ehrenschutzes mit bes. Berücksichtigung einer Novelle zum Strafgesetzbuch, Tübingen 1909.

Benke, Dieter: „Aktenzeichen XY ungelöst", JuS 1972, 257.

von Blume, W.: Ist ein Recht am eigenen Bilde anzuerkennen? Das Recht, 1903, 113.

Bockelmann, Paul: Öffentlichkeit und Strafrechtspflege, NJW 1960, 217.

Brüggemann, Bernd: Zur Berichterstattung über Ermittlungs- und Gerichtsverfahren, AfP 1971, 155.

Bussmann, Kurt: Persönlichkeitsrecht und Berichterstattung in Presse, Film und Funk, JR 1955, 202.

— Reichen die geltenden gesetzlichen Bestimmungen insbes. im Hinblick auf die modernen Nachrichtenmittel aus, um das Privatleben gegen Indiskretion zu schützen? Gutachten für den 42. DJT, Verh. Bd. I/1,5.

Cohn, Georg: Neue Rechtsgüter. Das Recht am eigenen Namen. Das Recht am eigenen Bilde, Berlin 1902.

Dallinger / Lackner: Jugendgerichtsgesetz, 2. Auflage, München und Berlin 1965.

Daude, Paul: Lehrbuch des deutschen Urheberrechts, Stuttgart 1888.

Denninger, Erhard: Freiheitsordnung — Wertordnung — Pflichtordnung, JZ 1975, 545.

Dünnwald, Rolf: Namensrecht und Massenmedien, Ufita 49 (1967), 129.

Erdsiek, Gerhard: 1. Störung der Rechtspflege durch Presseverstöße — 2. Private Auslobung gegenüber Verbrecher — 3. Das Fernsehgericht als Information über Gerichtsverfahren, NJW 1963, 1048.

— Unterhaltung als öffentliche Aufgabe, NJW 1963, 1390.

— Zum Persönlichkeitsrecht des Straftäters, AfP 1973, 413.

Evers, Hans-Ulrich: Privatsphäre und Ämter für Verfassungsschutz, Berlin 1960.

von Feuerbach, Anselm: In „Betrachtungen über die Öffentlichkeit und Mündlichkeit der Gerechtigkeitspflege", Bd. 1, Gießen 1821.

Fuhr: Persönlichkeitsrecht und Informationsfreiheit, ZDF-Jahrbuch 1973, 95.

Fuss, Ernst-Werner: Rechtsfragen des polizeilichen Erkennungsdienstes, in „Festschrift für Gerhard Wacke", 305.

Gallas, Wilhelm: Der Schutz der Persönlichkeit im Entwurf eines StGB (E 1962), ZStW 75 (1963), 16.

von Gamm, Otto Friedrich: Urheberrechtsgesetz, Kommentar, München 1968.

— Persönlichkeitsschutz und Massenmedien, NJW 1979, 513.

Gareis, Karl: Wie weit ist ein Recht am eigenen Bilde anzuerkennen und zu schützen? Gutachten für den 26. DJT 1902, Verh. Bd. I/3.

von Gerlach, Jürgen: Die Begründung der Beschuldigteneigenschaft im Ermittlungsverfahren, NJW 1969, 776.

Gerstenberg, Ekkehard: Bildberichterstattung und Persönlichkeitsrecht, Ufita 20 (1955), 295.

Goerlich, Helmut: Wertordnung und Grundgesetz, Baden-Baden 1973.

Habermas, Juergen: Strukturwandel der Öffentlichkeit. Untersuchungen zu einer Kategorie der bürgerlichen Gesellschaft, Neuwied 1962.

Hahn, Carl: Die gesammelten Materialien zur Strafprozeßordnung, Bd. I, Berlin 1880.

Hassemer, Winfried: Theorie und Soziologie des Verbrechens. Ansätze zu einer praxisorientierten Rechtsgutslehre, Frankfurt 1973.

Helle, Ernst: Der Schutz der Persönlichkeit „der Ehre" und des wirtschaftlichen Rufes im Privatrecht, 2. Auflage Tübingen 1969.

Hellge, Horst Heiner: Die privatrechtlichen Schranken der Pressefreiheit, Hamburg 1970.

Henkel, Heinrich: Der Strafrechtsschutz des Privatlebens gegen Indiskretion, Gutachten für den 42. DJT, Verh. Bd. II D, 59.

— Strafverfahrensrecht, 2. Auflage, Stuttgart 1968.

Hess, Anton: Die Ehre und die Beleidigung des § 185 StGB, Hamburg 1891.

Hesse, Konrad: Grundzüge des Verfassungsrechts der Bundesrepublik Deutschland, 11. Auflage, Heidelberg 1978.

Hirsch Ballin, Ernst: Schutz vor Bildnissen, Ufita 19 (1955), 290.

Hoffmann-Riem, Wolfgang: Sozialstaatliche Wende der Medienverantwortung? JZ 1975, 469.
— Medienwirkung und Medienverantwortung, Baden-Baden 1975.
Huber, Ernst Rudolf: Wirtschaftsverwaltungsrecht, 2. Auflage, Tübingen 1953.
Huber, Hans: Persönlichkeitsschutz und Pressefreiheit, Tübingen 1961.
Hubmann, Heinrich: Das Persönlichkeitsrecht, 2. Auflage, Köln 1967.
— Grundsätze der Interessenabwägung, AcP 155 (1956), 85.
— Der zivilrechtliche Schutz der Persönlichkeit gegen Indiskretion, JZ 1957, 521.
Jagusch, Heinrich: Pressefreiheit, Redaktionsgeheimnis, Bekanntmachung von Staatsgeheimnissen, NJW 1963, 177.
Jauernig, Othmar: Dürfen Prozeßbeteiligte namentlich genannt werden? Festschrift für Ed. Bötticher, 219, Berlin 1970.
Jellinek, Georg: Allgemeine Staatslehre, 8. Auflage, Darmstadt 1959.
Kaufmann, Ekkehard: Inquisitionsprozeß und Öffentlichkeitsprinzip, JuS 1961, 250.
Kern / Roxin: Strafverfahrensrecht, 14. Auflage, München 1976.
Keyssner, Hugo: Das Recht am eigenen Bilde, Berlin 1896.
— Zum Schutz des Rechts am eigenen Bilde, Gutachten für den 26. DJT 1902, Verh. Bd. I, 72.
— Das Urbild, Verfertiger einer photographischen Bildaufnahme, Das Recht, 1901, 42.
Kienapfel, Diethelm: Privatsphäre und Strafrecht (Wissenschaft und Gegenwart, Heft 43/44), Frankfurt 1969.
Kleinknecht, Theodor: Strafprozeßordnung, 34. Auflage, München 1979.
Kohler, Josef: Das Autorrecht, Iherings Jahrbücher XVIII, 129, Jena 1880.
— Zur Konstruktion des Urheberrechts, Archiv für bürgerliches Recht, Bd. X (1895), 241.
— Das Individualrecht als Namensrecht, Archiv für bürgerliches Recht, Bd. V (1891), 77.
— Kunstwerkrecht, Stuttgart 1908.
Kohlhaas, Max: Reformbedürftigkeit der Gerichtsberichterstattung? NJW 1963, 477.
— Körperliche Untersuchungen und erkennungsdienstliche Maßnahmen, Stuttgart 1972.
Klein, Hans H.: Zum Begriff der öffentlichen Aufgabe, DÖV 1965, 755.
Koebel, Ulrich: Namensnennung in Massenmedien, JZ 1966, 389.
— Persönlichkeitsschutz gegenüber öffentlicher Information, MDR 1972, 8.
Krauß, Detlev: Der Grundsatz der Unschuldsvermutung im Strafverfahren, in H. Müller-Dietz (Hrsg.), Strafrechtsdogmatik und Kriminalpolitik, München 1971, 176.
Krüger, Herbert: Allgemeine Staatslehre, 2. Auflage, Stuttgart 1966.
Kühle, Kay: Der Straftäter, insbesondere der Verurteilte als „relative" Person der Zeitgeschichte, AfP 1973, 456.

Lampe, Ernst-Joachim: Der Straftäter als „Person der Zeitgeschichte", NJW 1973, 217.

Lenckner, Theodor: Der rechtfertigende Notstand. Zur Problematik der Notstandsregelung im Entwurf eines Strafgesetzbuches (E 1962), Tübingen 1965.

Loesdau: Die Grenzen der publizistischen Auswertung von Staatsschutzverfahren im Rahmen der sog. behördlichen Öffentlichkeitsarbeit, MDR 1962, 773.

Löwe / Rosenberg: Die Strafprozeßordnung, Kommentar, 23. Auflage, 1. Band Berlin 1976, Hrsg. von Hanns Dünnebier.

Maass, Hans-Heinrich: Information und Geheimnis im Zivilrecht, München 1968/69.

Mandry, Gustav: Das Urheberrecht an literarischen Erzeugnissen und Werken der Kunst, Erlangen 1867.

von Mangoldt / Klein: Das Bonner Grundgesetz, Bd. I, Berlin 1957.

Martens, Wolfgang: Öffentlich als Rechtsbegriff, Münster 1968.

Maul, Heinrich: Bild- und Rundfunkberichterstattung im Strafverfahren, MDR 1970, 286.

Maunz / Dürig / Herzog / Scholz: Grundgesetz, Kommentar, Bd. I Art. 1 - 19, München 1978.

Maurach / Schroeder: Strafrecht, Besonderer Teil, Teilband 1, 6. Auflage, Heidelberg, Karlsruhe 1977.

Maurach / Zipf: Strafrecht, Allgemeiner Teil, Teilband 1, 5. Auflage, Heidelberg, Karlsruhe 1977.

Mittermaier, C. J. M.: Die Gesetzgebung und Rechtsübung über Strafverfahren, Erlangen 1856.

Mrozynski, Peter: Die Wirkung der Unschuldsvermutung auf spezialpräventive Zwecke des Strafrechts, JZ 1978, 255.

Neumann-Duesberg, Horst: Bildberichterstattung über absolute und relative Personen der Zeitgeschichte, JZ 1960, 114.

— Das „Recht auf Anonymität" in seiner Erscheinungsform als Recht am eigenen Bild, Juristen-Jahrbuch 1966/67, 138.

— Persönlichkeitsrecht auf Anonymität, JZ 1970, 564.

— Fernsehsendung „Aktenzeichen XY ungelöst" und Persönlichkeitsrecht, JZ 1971, S.350 ff.

Olshausen, Th.: Das Recht am eigenen Bild, Gruchot's Beiträge zur Erläuterung des Deutschen Rechts, Bd. 46 (1902), 492.

Ossenbühl, Fritz: Die Erfüllung von Verwaltungsaufgaben durch Private, VVDStRL 296, 1971, 137.

— Die Interpretation der Grundrechte in der Rechtsprechung des Bundesverfassungsgerichts, NJW 1976, 2100.

Osterrieth / Marwitz: Das Urheberrecht an Werken der bildenden Künste und der Photographie, 2. Auflage, Berlin 1929.

Partsch, Karl Josef: Die Rechte und Freiheiten der europäischen Menschenrechtskonvention, in: Beltermann / Nipperdey / Neumann, Die Grundrechte, 1. Bd., 1. Halbbd., 243, Berlin 1966.

Rehbinder, Manfred: Die öffentliche Aufgabe und rechtliche Verantwortlichkeit der Presse, Berlin 1962.
— Öffentliche Aufgabe der Presse: Was ist das? NJW 1963, 1387.
Rietschel, Siegfried: Das Recht am eigenen Bild, AcP 94 (1903), 142.
Sax, Walter: Grundsätze der Strafrechtspflege, in Neumann / Nipperdey / Scheuner, Die Grundrechte III/2, Berlin 1959, 909.
Schaffstein, Friedrich: Jugendstrafrecht, 6. Auflage, Stuttgart 1977.
Schiffer: Anm. zu KG, 26. 7. 1924, JW 1924, 1780.
Schmidhäuser, Eberhard: Strafrecht, Allgemeiner Teil, 2. Auflage, Tübingen 1975.
Schmidt, Eberhard: Justiz und Publizistik (Recht und Staat, Heft 353/354), Tübingen 1968.
— Öffentlichkeit oder Publicity? Festschrift für Walter Schmidt.
— Einf. in die Geschichte der deutschen Strafrechtspflege, 3. Auflage, Göttingen 1965.
— Lehrkommentar zur StPO und zum GVG, Teil I, 2. Auflage, Göttingen 1964; Teil II, Göttingen 1957; Teil III.
Schmidt, Gerhard: Zur Problematik der Indiskretionsdelikte, ZStW 79 (1967), 741.
Schneider, Franz: Presse- und Meinungsfreiheit nach dem Grundgesetz, München 1962.
— Anm. zu BGH, 15. 1. 1963, NJW 1963, 665.
Schneider, Hans-Joachim: Fernsehübertragung von Vorgängen der Hauptverhandlung, JuS 1963, 346.
Schneider, Peter: Rechtsgutachten zur Frage der Auslegung des Art. 5, Abs. 1 GG, insbes. zur Stellung der Presse im Strafverfahren.
Schnur, Roman: Pressefreiheit, VVDStRL 22 (1965), 101.
Schönke / Schröder: Strafgesetzbuch, Kommentar, 19. Auflage, bearbeitet von Theodor Lenckner, Peter Cramer, Albin Eser, Walter Stree, München 1978.
Scholler, Heinrich: Person und Öffentlichkeit, München 1967.
Schorn, Hubert: Der Schutz der Menschenwürde im Strafverfahren, Neuwied 1963.
Schüle, Adolf: Persönlichkeitsschutz und Pressefreiheit, Tübingen 1961.
Schulze, Erich: Urheberrecht, Entscheidungssammlung, München und Berlin.
Schwerdtner, Peter: Das Persönlichkeitsrecht in der deutschen Zivilrechtsordnung, Berlin 1977.
Stammler, Dieter: Die Presse als soziale und verfassungsrechtliche Institution, Berlin 1971.
Staudinger, J. v.: Kommentar zum bürgerlichen Gesetzbuch, II. Bd. Recht der Schuldverhältnisse, 5. Teil §§ 823 - 835, erl. von Karl Schäfer, 10./11. Auflage, Berlin 1975.
Voigtländer / Elster / Kleine: Urheberrecht, 4. Auflage, Berlin 1952.
Wächter, Oskar: Das Urheberrecht an Werken der bildenden Künste, Photographien und gewerblichen Mustern, Stuttgart 1877.

Weitnauer, Hermann: Persönlichkeitsschutz und Meinungsfreiheit, NJW 1959, 313.

Wellhöfer, Claus: Das Übermaßverbot im Verwaltungsrecht, Würzburg 1970.

Wenzel, Karl Egbert: Das Recht der Wort- und Bildberichterstattung. Systematisches Handbuch, Köln 1967.

Werhahn, Jürgen W.: Persönlichkeitsrecht und Zeitgeschichte, Ufita 37 (1962), 22.

Windsheimer, Hans: Die „Information" als Interpretationsgrundlage für die subjektiven öffentlichen Rechte des Art. 5 Abs. 1 GG, Berlin 1968.

Printed by Libri Plureos GmbH
in Hamburg, Germany